AF501575

PROCÈS
FAIT AUX CHANSONS
DE P.-J. DE BÉRANGER.

.... *Ab hoc viro etiam profecta dicitur decantata illa cantilena.... ad Belgas, tyrannide Albani oppressos, edita. Quæ quidem cantilena, ita scitè facta, ita concynnis rhythmis modulisque suis est attemperata, ut plebis animos mirè ad libertatis patriæ amorem excitaverit. In hoc igitur Sanctus Aldegondius se alterum quasi Tyrtæum, toties à Platone laudatum, ostendit. Nam cùm principis fortissimi (nempè Guillielmi Nassavii Belgarum liberatoris) laudes, hortamenta virtutis, damnorum solatia, salutariaque consilia contineat, magnum ardorem defendendi patriam libertatem populi injecit : adeò ut nihil illis temporibus convenientiùs prodiisse judicare liceat.*

(VERHEIDEN, (Elog. sancti Aldegondii, *in elog. aliquot theologorum, p.* 145.)

Verheiden (dans l'Éloge de Philippe de Marnix, plus connu sous le nom de St. Aldegonde) cite particulièrement sa chanson *aux Belges opprimés* par la tyrannie du duc d'Albe : chanson si bien faite, dit-il, et dont les paroles allaient si bien avec l'air, qu'elle excita puissamment, dans l'esprit du peuple, l'amour de la liberté. En cela, le chansonnier moderne se montra le digne émule de Tyrthée que Platon célèbre en plusieurs endroits de ses ouvrages. En effet, l'éloge que le poëte fait du libérateur de la nation, les exhortations au courage, les consolations du passé, et les salutaires conseils qu'il y donne pour l'avenir, jetèrent dans l'ame des citoyens une grande ardeur de défendre le nouveau gouvernement et la liberté. C'est au point qu'on ne trouve rien de plus remarquable et de plus à propos parmi toutes les pièces du temps.

DE L'IMPRIMERIE DE BAUDOUIN FILS,
Rue de Vaugirard, n° 36.

PROCÈS
FAIT AUX CHANSONS
DE P.-J. DE BÉRANGER;

AVEC

Le Réquisitoire de Me Marchangy; le Plaidoyer de Me Dupin; l'Arrêt de renvoi, et autres Pièces.

Si l'on ne prend garde aux chansons
L'anarchie est certaine.

(Chans. de Béranger.)

PARIS.

CHEZ LES MARCHANDS DE NOUVEAUTÉS.

DÉCEMBRE 1821.

Je poursuivrai devant les Tribunaux tout débitant d'éditions qui ne seraient pas revêtues de ma signature.

AU LECTEUR IMPARTIAL.

S'IL eût été permis aux journaux de rendre un compte exact de ma défense devant la Cour d'assises, de même qu'il a été permis à mon accusateur de reproduire son accusation, j'aurais pu me dispenser de faire imprimer les pièces de mon procès.

Mais la censure, *l'inique censure* (1), m'a traité avec la plus révoltante partialité.

Mes juges ont écouté l'accusation; ils ont aussi écouté la défense. Sur quatre chefs d'accusation, ils en ont écarté trois! et la censure, qui permet de re-

(1) Expression de M. de Castelbajac.

produire contre moi l'accusation en entier, même dans les parties où elle a complètement échoué, n'a pas permis qu'à côté de ces incriminations renouvelées, ma défense vînt aussi se reproduire.

Jusqu'ici rien de pareil n'était encore arrivé.

On avait bien vu quelques défenses abrégées, des suppressions partielles opérées, des changemens imposés aux feuilles périodiques; mais dans aucune autre cause on n'avait encore vu une interdiction complète, absolue, de produire aucuns fragmens de la défense. Il n'y a point eu d'exception à cet égard; les journaux du ministère, ceux de la droite et de la gauche, tous ont subi la même influence.

Le *Moniteur*, qui a consacré cinq de ses énormes colonnes au réquisitoire de M. Marchangy, a été obligé de supprimer la courte analyse qu'il donnait de ma justification.

Le *Journal de Paris* a éprouvé cette rigueur, inaccoutumée pour les journaux du ministère.

Le *Constitutionnel* est revenu de la censure avec des ratures qui ne laissaient pas subsister un seul mot du plaidoyer de mon avocat.

Le *Drapeau blanc* a laissé un énorme vide entre le plaidoyer de M. Marchangy et la réplique de M. Marchangy. M. Marchangy y parle seul. Aussi l'on y voit que cet avocat-général a réfuté *victorieusement* la plaidoirie de mon défenseur, et on le croit aisément, puisqu'on ne trouve que du papier blanc à la place des raisonnemens que M. l'avocat-général a eu à refuter.

Ainsi j'ai été froissé par la saisie de mon ouvrage, par ma destitution, par les harangues du ministère public, par la sévérité de la Cour qui a décidé contre moi ce que les jurés n'avaient osé résoudre! Et au désavantage d'avoir eu à répondre de suite et sans préparation à une accusation élaborée avec soin, écrite avec recherche, et long-temps méditée; s'est joint le désagrément, plus grave encore, de voir les déclamations dont j'avais été l'objet, longuement reproduites, répandues avec profusion, et sans le contrepoids, plus que jamais nécessaire, des justifications qui devaient en paralyser l'effet.

Voilà ce qui s'est passé à la face de tout le monde! voilà ce qu'ont remarqué tous les lecteurs de journaux! les curieux de toutes les classes! les hommes de tous les partis! et cela, dans le moment même où le ministère propose une loi pour le renouvellement de la censure pendant cinq ans, et où il en propose une autre pour rendre les journalistes *responsables de toute infidélité qu'ils commettraient dans le compte rendu des audiences des tribunaux !*

La censure prorogée ! c'est-à-dire l'injustice, la partialité, la calomnie rendues plus faciles, perpétuées dans des mains qui en usent avec autant de scandale et d'effronterie ! Le silence, un silence de mort placé à côté de l'arbitraire, parce qu'en effet l'arbitraire ne peut pas aller avec le droit de se plaindre et la possibilité d'appeler l'opinion à son aide ! La responsabilité des journaux ! comme s'il pouvait y avoir responsabilité là où il n'y a pas liberté; là où le journaliste n'est pas maître de rendre l'impression qu'il a reçue, et où le récit de ce qu'il a vu est corrigé, tronqué, mutilé, par un censeur qui n'a rien vu, rien écouté, rien entendu, et qui veut toutefois qu'on raconte les choses, non comme elles se sont réellement passées, mais comme il voudrait qu'elles se fussent passées en effet.

Je serai plus équitable dans ma propre cause. Je donnerai l'accusation telle qu'elle a été portée contre moi, sans en rien retrancher, en rien dissimuler : on lira l'arrêt de la Cour : je donnerai le réquisitoire de mon accusateur, non précisément *tel qu'il l'a lu* (car il a retranché quelques raisonnemens et quelques expressions qui lui ont paru apparemment avoir été réfutés avec trop d'avantage); mais enfin son réquisitoire tel qu'il lui a convenu de le publier dans le *Moniteur*. Seulement j'y joindrai la réponse de mon défenseur telle que la sténographie l'a reproduite, et telle que son amitié pour moi et son zèle pour un opprimé la lui ont inspirée.

PROCÈS

DE M. DE BÉRENGER.

JAMAIS, de mémoire d'habitué, l'audience d'un tribunal n'a présenté d'affluence aussi extraordinaire d'amateurs. Quelques délais, dans la transmission des ordres nécessaires pour obtenir un renfort de gendarmerie, avaient rendu le service extérieur très-pénible ; aussi, dès huit heures du matin, les issues les plus secrètes, ordinairement réservées aux porteurs de billets, étaient obstruées par la foule plus sûrement encore qu'elles n'étaient fermées par les verroux. Un petit nombre d'élus pénétrait avec peine dans la salle qui s'est remplie successivement de personnes de la plus grande distinction : M. le duc de Broglie, M. le baron de Staël, MM. Gevaudan, Bérard, maître des requêtes, M. Dupont (de l'Eure), député; et plusieurs magistrats, parmi lesquels on remarque : MM. de Vatimesnil, de Broë, Blondel d'Aubers, Girod (de l'Ain), Mars, etc., occupaient des places réservées; les dames et les avocats en robes arrivaient successivement dans la grande enceinte du parquet. Pendant ce temps, la foule toujours croissante, forçant successivement toutes les consignes, était arrivée, au milieu d'un désordre inexprimable, jusque dans la galerie vitrée qui sert de vestibule à la salle d'audience.

On se demandait comment pourraient entrer, non-seulement la Cour et les jurés, mais le prévenu lui-même. M. de Béranger, pour lequel son assignation n'était pas un passe-port suffisant, a été en effet arrêté pendant trois quarts d'heure de barrière en barrière, et il allait franchir la dernière limite, lorsqu'un gendarme lui disputa opiniâtrément le passage; enfin, il a pris place au banc des avocats, entre Me Dupin aîné, son défenseur, et Me Coche, son avoué. La physionomie du prévenu est calme; il s'entretient, en souriant, avec les personnes qui se trouvent auprès de lui.

Il était impossible de commencer l'audience avant que le corridor vitré et l'escalier qui y conduit fussent complètement évacués. Déjà quatre ou cinq personnes avaient été tirées de la foule, et étaient entrées en escaladant la fenêtre (*). Les carreaux de vitres volaient en éclats. Faire rétrograder cette multitude était impossible, on a préféré lui ouvrir la porte intérieure. Alors deux cents personnes, brisant les vitres, déchirant leurs habits ou les salissant contre des murailles fraîchement blanchies, se sont portées les unes les autres au milieu de la salle qui semblait déjà trop pleine. Les bancs des accusés ont été envahis par un grand nombre

(*) De ce nombre étaient MM. Larrieux, président de la Cour d'assises, et Cottu, conseiller.

d'avocats, et cette circonstance a nécessité la remise d'une affaire de vol qui devait précéder la cause politique. On n'aurait su où placer l'accusé et ses gardes, et les huissiers n'ont pu, malgré tous leurs efforts, faire entrer dans l'audience un témoin arrivé de Pontoise pour cette affaire.

Jusqu'à ce moment, on avait respecté l'étroite enceinte réservée au public journalier qui préfère ordinairement les grands procès de vol et d'assassinat, mais qui n'avait pas montré moins d'empressement, et faisait queue depuis sept heures. Cependant les peines prises par cette partie des curieux ont été inutiles. Les personnes porteuses de billets qui n'avaient pas trouvé place sur les banquettes, ont reflué au fond de l'auditoire, et l'on n'a pu ouvrir les grilles extérieures.

Les jurés ne sont arrivés à la chambre du conseil qu'en faisant un long circuit, et en passant par l'escalier de la chambre correctionnelle. Vers onze heures, le tirage du jury et les récusations respectives du ministère public et du prévenu étant terminées, la Cour a été introduite. Elle est composée de MM. Larrieux, président, Cottu, Baron, Sylvestre de Chanteloup père, et d'Haranguier de Quincerot.

M. le président dit que l'audience sera ouverte lorsqu'il régnera un ordre parfait digne de la majesté de la justice. Il donne l'ordre à toutes les personnes qui entourent le banc des jurés, de s'en éloigner : cet ordre s'exécute lentement. M. le président renouvelle l'ordre et ajoute : Il est désagréable que ce soient des membres du Barreau qui s'exposent à recevoir de pareilles leçons.

M. le président ordonne qu'un gendarme soit placé auprès de MM. les jurés, afin que leur attention ne soit distraite par personne.

Les gendarmes et autres militaires, chargés de maintenir l'ordre à l'extrémité de la salle, conservaient les baïonnettes au bout des fusils ; M. le président s'en aperçoit, et donne, à haute voix, l'ordre que les baïonnettes soient retirées. Chacun applaudit à cette mesure de prudence et en même temps de respect pour la liberté des délibérations du jury.

Beaucoup d'avocats sont obligés de s'asseoir sur le parquet, à quelque distance du banc des jurés (ils y sont restés jusqu'à la fin de l'audience). D'autres avocats sont debout près du poêle. Le public qui est derrière crie : *Les avocats assis.*

M. le président : Huissier, huissier.

Un huissier : M. le président?

M. le président: Je voudrais d'abord que vous vinssiez près de moi, j'ai à vous parler.

L'huissier : Je voudrais pouvoir vous obéir, M. le président, mais je ne puis passer ; tout est obstrué.

M. le président: Invitez MM. les avocats qui sont debout à ôter leurs toques pour moins gêner les personnes qui sont derrière.

MM. les avocats se conforment à cette invitation.

M. le président : Nous aimons à penser qu'il « n'est pas besoin de prévenir l'auditoire que la loi commande le silence et le respect. Nous sommes persuadé que chacun se conformera à la loi, et que nous ne serons pas mis dans la nécessité d'user du droit qu'elle nous donne de faire évacuer la salle et de juger la cause à huis-clos. »

Après la prestation du serment des jurés (1), et M. de Bérenger ayant décliné ses nom, prénoms, et sa profession d'ex-employé à la commission d'instruction

---

(1) Le jury était composé de MM.

Becq, Louis-François, propriétaire électeur ;
Barbier, Jean-Joseph, marchand de cristaux ;
Cheret, Louis-Jean-Baptiste, écuyer ;
Darte, Louis-Joseph, fabricant de porcelaine ;
Delacourtie, avoué de première instance ;
De Premouville, caissier de la recette générale ;
Du Barry, Ange-François, propriétaire électeur ;
Fauchat, chef de division au ministère de l'intérieur ;
Lambert-Sainte-Croix, notaire ;
Legé, ancien notaire ;
Masson-Saint-Maurice, commissaire priseur ;
Roulleau, employé à l'état-major.

publique, le greffier donne lecture de l'arrêt de mise en prévention (1) qui contient le texte de toutes les chansons incriminées. Lorsqu'il en est à la lecture du couplet de l'*Enrhumé*, M. l'avocat-général l'interrompt, et lui dit : Vous ne dites pas qu'il y a deux lignes en blanc.

M. Dupin : C'est que le greffier n'est chargé que de lire, et que là où il n'y a rien, il n'y a rien à lire.

Le Greffier: Il y a deux lignes en blanc.

Le greffier continue et achève sa lecture.

M. le président répète au prévenu l'énumération des divers chefs d'accusation, en vertu desquels il est poursuivi, conformément aux articles 1, 3, 5, 8 et 9 de la loi du 17 mai 1819, et procède en ces termes à son interrogatoire :

Demande. Êtes-vous l'auteur des chansons imprimées chez Firmin Didot avec cet intitulé : *Chansons par M. P. J. de Bérenger?*

---

(1) Voyez Pièces justificatives, n. 1.

Réponse. Oui, M. le président.

D. Les avez-vous vendues et fait vendre ?

R. Oui, monsieur, ainsi que je l'ai répondu dans le précédent interrogatoire.

D. A combien d'exemplaires ont-elles été tirées?

R. A dix mille. (Les réponses de l'accusé sont toutes faites avec une grande politesse et en même temps d'un ton ferme.)

M. *Marchangy*, *avocat-général*, se lève et dit :

« MM. les jurés, la chanson a une sorte de privilége en France. C'est, de tous les genres de poésie, celui dont on excuse le plus volontiers les licences. L'esprit national le protége et la gaieté l'absout. Compagnes de la joie, fugitives comme elle, il semble que ces rimes légères ne soient point propres à nourrir la sombre humeur du malveillant, et depuis Jules-César jusqu'au cardinal de Mazarin, les hommes d'État ont peu redouté ceux qui chantaient.

» Telle est la chanson, ou plutôt, Messieurs, telle était la chanson chez nos pères ; car depuis les siècles où l'on riait encore en France, cet enfant gâté du Parnasse s'est étrangement émancipé.

l'profitant de l'indulgence qui lui était acquise, plus d'une fois pendant nos révolutions publiques les perturbateurs le mirent à leur école, ils l'échauffèrent de leur ardeur, ils en firent l'auxiliaire du libelle et des plus audacieuses diatribes. Dès-lors, un sarcasme impie remplaça la joie naïve; une hostilité meurtrière succéda au badinage d'une critique ingénieuse. Des refrains insultans furent lancés avec dérision sur les objets de nos hommages, bientôt ils stimulèrent tous les excès de l'anarchie, et la muse des chants populaires devint une des furies de nos discordes civiles.

» Lorsque les chansons peuvent s'écarter ainsi de leur véritable genre, auront-elles droit à la faveur que ce genre inspirait? Leur suffira-t-il du titre de chansons pour conquérir impunément le scandale et pour échapper à la répression judiciaire? Si telle était leur dangereuse prérogative, bientôt la prose leur céderait en entier la mission de corrompre, et l'on chanterait ce qu'on n'oserait pas dire.

» Vous sentez donc la nécessité de distinguer telles chansons de telles autres qui n'en portent que le nom. Faites une large part dans l'indulgence pour ces couplets espiègles et malins, qu'il y aurait sans doute trop de rigueur à priver d'une certaine liberté de langage. Qu'ils vivent aux dépens des travers des faiblesses humaines, qu'ils puissent même confondre le bruit de leurs joyeux grelots avec les murmures de l'opposition. Mais si plus téméraires que ne le fut jamais cette opposition, ils attaquent ce qui est inviolable et sacré; si Dieu, la religion, la légitimité sont tour à tour le sujet de leurs outrages, sous quels prétextes pourraient-ils être épargnés? Est-ce parce que la chanson la grave aisément dans la mémoire, qu'elle est de facile réminiscence, et que le sel piquant qui l'assaisonne est un salpêtre électrique prompt à ébranler les esprits? Est-ce parce qu'elle peut fournir des refrains tout préparés aux orgies de la sédition et aux mouvemens insurrectionnels? Est-ce parce que, circulant avec rapidité, elle pénètre en même temps dans les villes et les hameaux également comprise de toutes les classes? Tandis que la brochure la plus coupable n'exerce que dans un cercle étroit sa mauvaise influence, la chanson, plus contagieuse mille fois, peut infecter jusqu'à l'air qu'on respire. Et d'ailleurs ici se présente une observation dont vous apprécierez le mérite. Qu'une chanson exhalée dans un instant de verve et d'ivresse, circule, non par la voie de l'impression, mais parce qu'elle est chantée dans le monde, c'est un bruit passager que le vent emporte et dont bientôt il ne reste plus de vestiges. La justice pourra le dédaigner et ne pas faire contraster la gravité de ses poursuites avec le vague et la légéreté d'un pareil genre de publication. Mais qu'un auteur mette au jour un recueil de poésies qu'il lui plaît d'appeler des chansons; qu'il donne ce nom à des satires réunies, à des dithirambes, à des odes pleines d'agression et d'audace, vous ne verrez plus ici que des vers qu'on peut lire sans être obligé de les chanter; et si cet auteur croyait pouvoir égayer sa défense de toutes les idées frivoles et plaisantes que réveille la chanson, vous sentiriez d'abord dans quelle méprise il voudrait vous engager, car apparemment qu'il ne prétendrait pas que ceux qui ont acheté ses chansons sont tenus de les chanter, que ce soit là une condition inséparable de la vente, et que ses souscripteurs soient tous de fidèles observateurs de l'harmonie. Le sentiment qu'aurait eu le poëte de sa gaieté ne pourrait donc conjurer les mauvais résultats que produiraient ses vers sur des esprits disposés à prendre les choses sérieusement.

» Le sieur de Bérenger est précisément dans ce cas; il a fait imprimer, distribuer et vendre, sous le titre de chansons, deux volumes de ses poésies, tirés par souscription à dix mille exemplaires. Voilà déjà qui devient plus positif, plus fixe, plus durable qu'une chanson isolée et inédite. Comment ce prévenu pourra-t-il, en présence d'une spéculation aussi solidement réfléchie, invoquer l'indulgence due à la facétieuse étourderie d'un chansonnier, à ces impromptus brillans qui lui échappent jusqu'à son insu dans la chaleur de l'inspiration ?

» On peut présumer que le sieur Bérenger ne s'est pas dissimulé tout ce que cette fructueuse entreprise de librairie lui faisait perdre de faveur, puisque dans ses interrogatoires il n'a pas cru inutile de se retrancher derrière un moyen de prescription. Il est vrai que toutes les chansons comprises dans le premier volume ont déjà fait partie d'un recueil publié en 1815, et la loi du 17 mai veut que les délits de la presse puissent être prescrits par six mois, à compter du fait de publication qui donnera lieu à la poursuite, mais cette disposition n'est point applicable à la cause. Quel est le fait de publication qui donnera lieu à la poursuite ? C'est le recueil de 1821 et non celui de 1815. Toute édition nouvelle est un nouveau fait de publication, et chaque réimpression est assujettie aux formalités de dépôt et de déclaration.

» Cependant, tout en reconnaissant la force de ce principe consacré par un arrêt contre lequel le sieur Bérenger ne s'est pas pourvu, nous n'en ferons pas usage aujourd'hui. Qu'importe, en effet, qu'on livre aux débats les chansons contenues dans le 1er volume, si ces chansons, par le révoltant cynisme de leurs expressions, se défendent elles-mêmes contre toute citation ? Pour se résoudre à blesser de leurs tours obscènes la décence de cet auditoire, il faudrait ne pas avoir d'autres textes à vous signaler : vos conciences n'ont pas besoin qu'on stimule leur discernement par un luxe de scandale et une surabondance de griefs.

» Nous renonçons donc volontiers à ouvrir le 1er volume, et nous n'indiquerons même pas la moindre partie de celles contenues dans le 2e volume.

» Le sieur Bérenger a-t-il commis un outrage à la morale publique et religieuse? s'est-il rendu coupable d'une offense envers la personne du Roi? a-t-il provoqué le port public d'un signe de ralliement non autorisé? Telles sont les trois questions que nous allons successivement discuter.

» Il serait trop long et trop pénible de rechercher toutes les pages qui attentent à la morale publique et religieuse : nous ne vous parlerons donc pas de la chanson *des deux Sœurs de Charité*, dans laquelle l'auteur, anéantissant tout principe de morale, soutient qu'une fille de joie ne mérite pas moins le ciel par les excès de la débauche, qu'une sœur de charité par ses bonnes œuvres et son dévouement sublime. Nous ne vous parlerons pas de la chanson intitulée *les Chantres de Paroisse*, où, selon le prévenu, le séminaire, cette école des vertus sacerdotales, cette institution réparatrice des persécutions de l'Église, n'est qu'un *hôpital érigé aux enfans trouvés du clergé.* Nous ne parlerons pas davantage de plusieurs chansons dirigées contre les *Missionnaires*, chansons tellement virulentes, qu'il ne faut pas s'étonner si, après les avoir lues, ceux qui ne se sentent pas l'esprit d'en faire autant, veulent au moins lancer des pétards aux orateurs d'une religion que la Charte déclare religion de l'État. Mais ce que nous ne pouvons taire, ce sont les impiétés accumulées dans la chanson intitulée *Les Capucins*.

» Il faut avoir des ressentimens bien opiniâtres pour attaquer ces humbles serviteurs de l'humanité, aujourd'hui qu'ils sont ensevelis sous les ruines de leurs cloîtres déserts. A peine leur souvenir vit-il encore dans quelques chaumières où ils venaient, il y a bien long-temps, parler de Dieu à ceux qui mouraient, et partager le pain qu'ils tenaient de la charité. Pauvres et n'ayant rien possédé ici-bas, ils ont quitté ce monde sans avoir aucun compte à rendre : pourquoi donc poursuivre leur mémoire au-delà de l'exil ou du martyre? Au surplus, ce ne sont pas eux qu'il s'agit ici de venger. Que par amour pour la tolérance, l'impiété persécute ces ordres religieux, coupables d'avoir, en ouvrant aux cœurs souffrans des asiles de paix, différé le grand siècle des lumières : elle le peut sans doute ; mais qu'elle confonde sous ces atteintes l'autel avec le monastère, et la religion avec les ministres ; c'est là ce que la France alarmée ne vous permet pas d'excuser, et c'est ce que fait le prévenu dans la chanson qu'on vous dénonce. »

Ici M. Marchangy donne lecture de celte chanson, et reprend la parole.

« C'est ainsi, Messieurs, que l'auteur, par une sacrilége ironie, essaie d'écarter de nos temples ceux qu'un reste de foi y conduit encore; c'est ainsi qu'il tente surtout d'en éloigner les soldats français dont la ferveur religieuse ne pourrait en effet qu'ajouter aux garanties de leur fidélité. Mais tandis qu'il voudrait, en glaçant la piété dans leurs cœurs, les rendre plus faciles à séduire, ne voyez-vous pas que ses efforts conspirent encore moins contre la monarchie que contre la valeur et la gloire ; car la religion seule peut épurer la valeur en la rendant désintéressée et morale. Quant à la gloire, qui n'est qu'un secret besoin de se survivre, qui peut la comprendre et la mériter, si ce n'est celui qui espère un autre avenir? Qui croira en Dieu, si ce n'est celui qui va chercher la mort dans les combats? et de quel prix la terre, réduite à ses biens impuissans, pourrait-elle payer le dévouement du héros qui s'immole à son pays?

» Mais c'est peu que le sieur Bérenger fasse asseoir sur le seuil de l'Église le ridicule et l'insulte; il va, dans la chanson intitulée *le Bon-Dieu*, apostropher Dieu lui-même. Pour que la majesté divine ne puisse pas rester inviolable derrière ses impénétrables mystères, il va, dans une indigne parodie, lui prêter des formes et un langage ignobles! Cet Être éternel, que les élans de la prière et les transports de l'admiration et de la reconnaissance avaient seuls osé atteindre, n'est plus, dans les vers du prévenu, qu'une image grotesque et bouffonne, qu'un fétiche impuissant qui vient calomnier son propre ouvrage et se moquer des institutions les plus saintes.

» Il faut l'avouer, Messieurs, le sieur Bérenger a singulièrement trahi les destinées de la poésie. Cet idiôme inspirateur semblait être donné aux mortels pour ennoblir leurs émotions, pour élever leurs ames vers le beau idéal et la vertu, pour les préserver d'un stupide matérialisme et d'une végétation grossière; en leur présentant sans cesse des pensées d'élite, des images de choix, analogues à leur divine essence! Et ce poëte, à qui, pour un si bel emploi, le talent des vers fut prodigué, quel usage a-t-il fait de ce talent dont la société lui demande compte aujourd'hui? Il a déshérité l'imagination de ses illusions, il a ravi au sentiment sa pudeur et ses chastes mystères, il voudrait déposséder l'autorité des respects du peuple, et le peuple des croyances héréditaires ; en un mot, il voudrait tout détruire, même celui qui a tout créé.

» Et dans quel temps vient-il parmi nous se faire le mandataire de l'incrédulité? C'est lorsqu'un instant de repos succédant à nos agitations politiques, nous ouvrons enfin les yeux, comme à la suite d'un long délire, étonnés que nous sommes de voir quels ravages l'impiété a faits dans les mœurs! C'est lorsque les bons citoyens voudraient qu'on profitât de l'espèce de calme où nous voici, pour aviser aux moyens de le rendre durable et réel en restaurant les bases de toute agrégation sociale; c'est lorsque, désabusés des innovations trompeuses, des systèmes décevans, on revient, après un vaste cercle d'erreurs, à une religion seule capable de sauver les États, car seule elle peut discipliner tant d'esprits rebelles, et ramener dans nos foyers le culte des traditions vénérables ; seule, elle peut rendre à la jeunesse les grâces de la modestie et les avantages de la docilité ; seule elle peut se charger d'une partie des désirs tumultueux dont la terre est obsédée; seule encore elle peut creuser un lit profond et paisible à ces ambitions désordonnées qui mugissent sur la surface de la France, comme des torrens qui menacent de tout envahir ; seule enfin, elle peut verser un baume réparateur sur tant de plaies toujours saignantes, et triompher des ressentimens et des partis.

» Voilà pourquoi nos législateurs ont pensé, en discutant la loi répressive des abus de la presse, qu'il ne fallait pas seulement punir la sédition, mais encore l'impiété. La sédition n'a que des accès passagers, mais l'impiété s'étend sur des générations entières. La sédition n'éclate souvent que sur les sommités sociales, tandis que l'impiété ronge les fondemens des nations. Ah! qu'importe que la révolution ne soit plus dans les actes, si elle est toujours dans les mœurs! Ils se trompent ceux-là qui ne la voient que dans un violent changement de gouvernement, et qui se croient hors de son tourbillon lorsqu'ils n'entendent parler ni de république, ni de consulat, ni d'empire. Ce sont là les effets et non pas les causes. La révolution n'est pas seulement dans la substitution d'un usurpateur à un ordre de chose consacré, elle est surtout dans le néant de ces cœurs enflés d'un orgueilleux mépris pour les dogmes de la morale et de la vertu, elle n'est pas seulement dans les entreprises des factions qui détrônent le prince légitime, elle est surtout dans la propagation des doctrines irréligieuses qui voudraient détrôner le souverain suprême, le maître des siècles et des rois; oui, elle est dans la révolte des esprits contre l'existence d'un Dieu et l'authenticité de son culte; elle est dans la rupture insensée des anneaux de cette chaîne merveilleuse qui, unissant le ciel à la terre, joignait ensemble toutes les puissances morales, depuis la puissance paternelle jusqu'à la puissance divine. Aussi, Messieurs, quelque différentes que puissent être leurs opinions politiques, les membres de l'une et l'autre chambre se sont-ils réunis pour punir dans la loi du 17 mai tout *outrage à la morale publique et religieuse :* ce sont les expressions de l'art. 8 de cette loi. Et vous, juges citoyens, vous chargés de faire respecter les lois qui sont l'expression publique sanctionnée par le monarque, où puiseriez-vous le motif d'une indulgence qui ne serait qu'un déplorable exemple d'impunité? Car enfin, lorsque la loi du 17 mai sévit contre tout outrage à la morale publique et religieuse commis par des écrits ou des paroles, ne verrez-vous pas un outrage de cette espèce dans les vers où le sieur Bérenger dit que *l'Eglise est l'asile des cuistres, et que les rois en sont les piliers.* Et si la morale religieuse n'est autre chose que la morale enseignée par la religion, n'est-ce pas l'outrager, en effet, que de dénaturer, comme le fait le prévenu, l'idée que nous devons avoir de l'Éternel, de qui découle toute morale, puisque sans lui il n'y aurait que des intérêts menaçans et rivaux? N'est-ce pas l'outrager que de faire tenir à Dieu un discours absurde et où il désavoue le culte qu'on lui rend, où il se dit étranger à ce monde, où il engage à ne pas croire un mot de ce qu'apprennent en son nom les ministres de la religion, et dans lequel enfin il ne donne aux hommes, pour seule règle de conduite, qu'un précepte de libertinage?

» Le second chef de prévention n'est pas moins bien établi (1).

» L'art. 5, du 9 mai, énonce les faits qui sont réputés provocation aux délits, et parmi ces faits elle range le port public de tout signe extérieur de ralliement non autorisé. Les articles 1 et 3 considèrent comme complice de ce délit quiconque, par des discours, des écrits ou toutes autres voies de provocation, aurait excité à le commettre, sans que d'ailleurs la provocation ait été suivie d'effet. Cette dernière disposition s'applique formellement au sieur Bérenger qui, dans sa chanson intitulée *le Vieux Drapeau*, excite à déployer le drapeau tricolore, que de nombreux exploits ont sans doute illustré, mais qu'on ne saurait arborer sans se rendre coupable de rébellion.

» C'est un des stratagêmes les plus familiers aux écrivains de parti, que de chercher à passionner les souvenirs des militaires français, à leur montrer la paix comme un opprobre, et la guerre

---

(1) Le second chef avait pour objet le délit d'*offense à la personne du roi*. Il paraît que M. l'avocat-général n'a pas jugé à propos de donner cette partie de son manuscrit au *Moniteur* Nous ne nous permettrons pas d'y suppléer.

comme un droit dont ils sont induement frustrés. Vainement ces braves soldats que la gloire a rendus à la nature, ont-ils noblement déposé les armes à la voix du père de la patrie, parce qu'ils savent que son aveu fait seul une vertu du courage; vainement ils se félicitent de retrouver, après un long exil où les condamna la victoire, et les champs paternels et les affections domestiques. Voilà que dans cet Elysée, où se repose leur valeur, le serpent de la sédition voudrait ramper entre leurs lauriers, les souiller de son fiel impur, les flétrir d'un souffle de vertige et d'erreur. Ecoutez les insinuations et les hypocrites doléances que cet esprit de tentation prête à des guerriers fidèles; à l'entendre, ces guerriers ne sont que des êtres humiliés et déchus Parce que les royaumes ne sont plus jetés devant eux comme une proie, il leur fait répandre des larmes imaginaires sur le malheur de la France, qui, au lieu de l'avantage d'être dépeuplée par des triomphes ou ruinée par des revers, subit aujourd'hui une prospérité inespérée sous le joug nouveau de ces Bourbons qui ne nous gouvernent que depuis des siècles. Sensibilité homicide qui gémit de ne plus voir l'Europe dévastée! Dévouement égoïste qui regrette de ne plus voir les champs de bataille transformés en arènes par l'ambition et l'intérêt personnel!

» Le sieur de Béranger a tenté dans vingt chansons de pervertir ainsi l'esprit militaire, notamment dans celle qui a pour titre *le Vieux Drapeau.* » (Ici, M. l'avocat-général donne lecture de cette chanson, et continue ainsi :)

» Après avoir entendu de pareils vers, on se demande si c'est bien là le genre de la chanson badine et légère pour laquelle on réclamera votre indulgence. L'auteur appelle cette pièce une chanson, il la met sur l'air : *Elle aime à rire, elle aime à boire ;* mais tout cela ne saurait détruire son caractère hostile et sombre. Qu'on nous dise en quelle circonstance elle pourrait être chantée sans devenir un manifeste et une offense. Serait-ce dans un repas de corps, dans une garnison, dans une marche militaire, dans les villes ou dans les campagnes? elle ne peut être chantée que dans un attroupement de conjurés, et pour servir de signal à l'insurrection ; voilà sa vocation, voilà le secret de sa naissance. » (1)

M. Marchangy ajoute que cette chanson fut imprimée clandestinement, qu'elle était calculée pour agir sur l'esprit des soldats, et pour seconder des machinations coupables. Cette démonstration lui fournit un moyen oratoire. Il discute ensuite le

(1) Ici M. l'avocat-général a donné lecture d'une lettre du ministre de la police (M. Mounier) qui dénonce cette chanson comme ayant été répandue et chantée dans les casernes.

chef de prévention relatif aux offenses contre la personne du Roi, et termine en ces mots :

« Certes, la gaieté française a des droits ; mais si elle devenait tellement exigeante qu'il fallût lui sacrifier l'honnêteté publique, la religion, les lois, le bon ordre et les bonnes mœurs ; si elle ne devait vivre désormais qu'aux dépens de la décence, de la foi, de la fidélité ; mieux vaudrait la tristesse et le malheur, car du moins il y aurait là de graves sentimens qui ramèneraient à l'espérance et à la Divinité.

» Oui, la gaieté française a bien des droits ; mais au lieu de la chercher dans la fange de l'impudicité et dans l'aride poussière de l'athéisme, qu'elle butine, ainsi que l'abeille, sur tant de sujets aimables et gracieux qu'ont effleurés des chansonniers célèbres, dont la gloire innocente est une des belles fleurs de notre Pinde. Eh quoi ! sera-t-elle plus expansive et plus libre, quand au milieu d'un festin de famille et de bon voisinage elle aura insulté à la piété d'un convive et blessé ses opinions ; quand elle aura appris à l'artisan, au laboureur courbé sous de pénibles travaux, des couplets impies contre une religion qui venait le consoler, et contre un Dieu qui promet d'essuyer les sueurs et les larmes !

» Ah ! si le caractère français a perdu de son

enjouement, qu'il ne s'en prenne qu'aux déceptions et aux systèmes dont le sieur Bérenger s'est fait l'interprète; qu'il s'en prenne à l'aigreur des discussions politiques, à l'agitation de tant d'intérêts sans frein et sans but, à cette fièvre continue, au malaise de ceux qui, rebutant la société, la nature et la vie, ne trouvent plus en elles ni repos, ni bonheur, parce qu'en effet il n'en est pas sans illusions, sans croyances, sans harmonie. L'esprit dogmatique a dissipé les illusions; l'esprit fort a détruit les croyances; l'esprit de parti a troublé l'harmonie. Est-ce donc un des fauteurs de ces tristes changemens qui doit se plaindre de leurs tristes conséquences? qu'il ne se plaigne pas non plus si la chanson, par suite de sa décadence et de sa honteuse métamorphose, est venue des indulgentes régions qu'elle habitait jusqu'à ces lieux austères qu'elle n'eût dû jamais connaître; qu'il n'accuse pas d'intolérance et de trop de rigueur des magistrats affligés d'avoir à sévir contre l'abus du talent. Non! qu'il ne les accuse pas, car il lui était plus facile de ne pas publier son ouvrage qu'il ne l'était à ces magistrats responsables envers la société de rester sourds à la voix de leur conscience, en ne réprouvant pas ce que réprouvent la religion, la morale et la loi. »

M. Dupin demande quelques instans pour mettre ses notes en ordre.

M. le président consulte la Cour et accorde au défenseur ce qu'il désire.

Au bout de quelques minutes l'audience est reprise, et *M. Dupin* lit les conclusions suivantes :

Attendu que plusieurs des chansons comprises dans l'arrêt de renvoi sont couvertes par la prescription de six mois écoulés depuis leur publication, aux termes de l'article 29 de la loi du 26 mai 1819 ; et que d'ailleurs M. l'avocat a déclaré ne vouloir pas insister à cet égard ;

Il plaira à la Cour ordonner que lesdites chansons seront distraites de l'accusation.

M. le président : Plaidez-vous ce moyen ?

M. Dupin : M. l'avocat-général ayant déclaré renoncer à attaquer les chansons comprises dans le premier volume, si je n'ai point d'adversaire, je n'ai point à plaider.

M. le président : Le ministère public n'a pas précisément déclaré renoncer à l'accusation sur cet objet.

M. Marchangy : J'ai dit seulement que l'acte d'accusation contient des chansons sur lesquelles je ne m'appesantirai pas.

M. Dupin : En ce cas je vais plaider ce moyen, comme préjudiciel.

M. le président : Il y a un arrêt qui renvoie ces chansons devant la Cour.

M. Marchangy : Cet arrêt a force de chose jugée.

M. Dupin : Je soutiens le contraire : la Cour en décidera.

M. le président : Plaidez.

M. Dupin :

Messieurs,

On dit vulgairement que la prescription est la *patrone du genre humain.* Si cela est vrai lorsqu'on l'invoque dans l'intérêt de la propriété, à plus forte raison lorsqu'elle sert à protéger la liberté des personnes.

En droit, l'article 29 de la loi du 26 mai 1819 dit que « l'action publique contre » les crimes et délits commis par la voie » de la presse, ou tout autre moyen de » publication, se prescrira par six mois » révolus, à compter du fait de publica- » tion qui donnera lieu à la poursuite.

» Pour faire courir cette prescription » de six mois, la publication d'un écrit » devra être précédée du dépôt et de la

» déclaration que l'éditeur entend le pu-
» blier. »

En fait, il est attesté, par les récépissés délivrés à la direction de la librairie, que la déclaration exigée par l'article précité a été faite en 1815;

Donc toutes les pièces contenues dans le volume imprimé en 1815, par suite de cette déclaration, sont couvertes par la prescription.

Il en faut dire autant de la chanson des *Missionnaires :* elle a été insérée dans un recueil publié depuis plus de six mois.

Que peut-on opposer à cette exception si tranchante? Je n'en sais rien; car, d'une part, le ministère public ne veut point combattre ouvertement la prescription; et, de l'autre, il semble craindre de s'y soumettre. J'avoue que je n'aime point ces demi-concessions, et j'eusse préféré sans difficulté une accusation franche à un système incertain de poursuite qui ne nous laisse ni dehors ni dedans.

Opposera-t-on (comme dans l'arrêt de

renvoi) « que la réimpression d'un ou-
» vrage est un *nouveau fait* qui constitue
» un *nouveau délit?* »

Ce système est inadmissible : il est en opposition directe avec l'esprit de la loi du 26 mai. Lors de la discussion de cette loi, les délits de la presse ont été considérés sous leur véritable point de vue : on a séparé les délits en eux-mêmes, de l'instrument qui peut servir à les commettre ; cette distinction a frappé par sa justesse ; elle a saisi tous les esprits. Le délit est dans la pensée coupable de l'auteur ; c'est l'auteur et l'intention dans laquelle il a écrit, qu'il faut juger. Le délit ne réside pas dans le fait matériel de la publication :

La presse est une esclave, et ne doit qu'obéir.

La preuve en est que les imprimeurs ou vendeurs ne sont poursuivis qu'autant qu'ils ont agi *sciemment*, et qu'ils se sont, en connaissance de cause, associés à la pensée coupable de l'auteur.

La pensée une fois émise et publiée, il

y a ou il n'y a pas délit. La réimpression ne constituera pas un délit nouveau. Pour cela il faudrait une seconde, une nouvelle pensée qui fût coupable; tandis que la réimpression n'est que le fait matériel de la presse, fait auquel l'auteur reste le plus souvent étranger.

Quel est le fondement de la prescription ordinaire? Au civil, elle fait présumer le paiement; au criminel, elle vaut quittance de la peine, elle emporte absolution.

Favorable, lorsqu'il s'agit de délits ordinaires, elle l'est bien davantage dans les délits de la presse.

En effet, supposez un meurtre commis, une condamnation à mort déjà prononcée : la prescription effacera un crime réel; elle sauvera le coupable d'une peine méritée.

Au contraire, le silence gardé par le ministère public, après la mise en vente d'un livre ou d'un écrit, empêche qu'on ne puisse supposer même qu'il y a délit; chacun doit croire qu'il n'y en a pas, puisque l'autorité informée de la publication par le dépôt, l'autorité, si vigilante surtout en cette matière, n'a pas poursuivi dans le délai fixé.

Le système que je combats serait une source d'inexplicables contradictions. Ainsi désormais tout dépendrait du hasard et non du fonds des choses. Le même ouvrage aura eu deux éditions; l'une ancienne, l'autre récente. Cet ouvrage sera innocent, si l'on saisit le volume qui porte le millésime de 1815: il sera coupable, s'il porte celui de 1821.

Ajoutons à ces raisonnemens d'autres considérations non moins puissantes.

Un assassin, un voleur de grand chemin, un faussaire, sont tranquilles au bout d'un certain temps; ils restent sans doute aux prises avec le remords, mais enfin ils n'ont plus à redouter les poursuites de l'autorité. Et un auteur devra trembler toute sa vie! Après lui, sa femme et son libraire courront les mêmes dangers, puisqu'aucune publication antérieure, bien que non poursuivie, n'aura mis les réimpressions du même ouvrage à l'abri de nouvelles poursuites !

Il y a mieux encore, ou plutôt nous allons trouver pis. Il pourrait y avoir chose jugée contre, et jamais chose jugée en faveur de l'auteur. En effet, qu'un livre soit condamné, sa suppression est ordonnée ; si l'auteur le réimprime, on juge qu'il est contrevenu à l'arrêt ; et il sera condamné, pour ce seul fait, au maximum de la peine, sans nul examen : il suffira de constater l'identité des choses réimprimées avec celles qui ont été condamnées.

Supposons, au contraire, que ce même auteur ait été absous à l'unanimité par un jury ; il se croira autorisé à faire autant d'éditions de son ouvrage que bon lui semblera. Point du tout : s'il donne une nouvelle édition, encore bien qu'elle ne soit qu'une exacte réimpression de la première, on lui soutiendra que cette réimpression est un nouveau fait qui constitue un nouveau délit, et l'on pourra le traduire devant un second jury qui sera appelé à condamner le même ouvrage que le premier jury avait absous! — Ce ne serait pas seulement une violation des lois qui disent que tout individu acquitté ne peut plus être repris à raison du même fait qui a été l'objet de l'accusation ; ce serait un leurre, une déception, une vraie surprise indigne de la justice.

Je suis d'autant plus étonné, je ne dis pas de la résistance, puisqu'il n'ose pas ouvertement s'opposer, mais de l'hésitation du ministère public; que la question s'est déjà présentée, et que la prescription a été accueillie par l'arrêt de la Cour rendu dans l'affaire du sieur Cauchois-Lemaire. Il y a même cette différence favorable au sieur Bérenger, que les fragmens du sieur Cauchois-Lemaire étaient des articles de politique peu attrayans par eux-mêmes, et publiés dans une feuille assez peu répandue, tandis que le recueil des chansons du sieur Béranger, précisément parce que c'étaient des chansons, avait obtenu la plus grande vogue, la plus entière publicité.

Un mot, échappé au ministère public, tendrait à faire croire qu'il regarde l'arrêt de renvoi comme ayant à ce sujet *force de chose jugée*, parce qu'on ne s'est pas pourvu pour le faire casser.

C'est une erreur ; ce n'était point ici le cas de se pourvoir. Si cet arrêt eût renvoyé le sieur Béranger à la Cour d'assises, pour s'être promené dans la rue, c'eût été le cas de se pourvoir en cassation, parce que le fait de se promener n'est pas un délit. Mais la prescription d'un délit n'empêche pas qu'il n'y ait eu délit : c'est une exception qui pourra être opposée en Cour d'assises, et qui devra être accueillie ou rejetée, selon qu'elle se trouvera bien ou mal justifiée. Ainsi la chambre d'accusation a pu vous renvoyer la connaissance du délit qu'elle a cru remarquer. Mais évidemment, elle n'a pas pu juger ni préjuger la question de prescription contre le prévenu qui n'a pas été appelé à se défendre devant elle.

Non, Messieurs, vous ne vous laisserez

pas priver de votre plus belle prérogative ? Vous ne vous placerez point aveuglément sous le joug d'un arrêt de renvoi. Un arrêt de renvoi ne juge rien par lui-même, c'est un simple arrêt de distribution de cause : il ne juge rien, si ce n'est que l'affaire sera portée à la Cour d'assises pour y être jugée. Mais il ne vous enlève pas votre libre arbitre, il ne vous enlève pas le droit qui appartient à tout juge d'apprécier sa propre compétence. Si un tribunal correctionnel, saisi par un arrêt de renvoi d'une cause prétendue correctionnelle, s'aperçoit, à l'examen, que le fait est de nature à emporter une peine afflictive ou infamante, il peut, il doit renvoyer la cause, encore bien que la connaissance lui en ait été attribuée par un arrêt de la chambre d'accusation. De même, une Cour d'assises reste juge de toutes les questions, exceptions et défenses qui seront proposées par l'accusé.

C'est ce que vous avez pratiqué dans l'affaire du sieur Cauchois-Lemaire : les passages, pour lesquels il opposait la prescription, étaient bien certainement compris dans l'accusation, puisque vous avez ordonné qu'ils en seraient *distraits :* ils étaient effectivement *transcrits dans l'arrêt de renvoi :* et cependant vous n'avez pas cru que ce renvoi vous ôtât le droit d'admettre la prescription. De fait, vous l'avez accueillie, vous avez donc jugé que l'arrêt de renvoi n'emportait pas chose jugée. C'est précisément ce que je vous demande de consacrer par un nouvel arrêt. Il ne peut pas y avoir deux poids et deux mesures dans la même Cour, et en présence du même Dieu (1), de qui émane toute justice. »

Après une demi-heure de délibération, la Cour rentre, et M. le président prononce l'arrêt suivant :

« En ce qui touche la première partie des conclusions de Béranger ;

» Considérant que le ministère public

(1) Le Christ est placé au-dessus du tribunal où siège la Cour.

n'a point requis la distraction d'aucun des chefs de prévention portés contre le sieur de Béranger, ce qui serait d'ailleurs hors de ses attributions,

» Dit qu'il n'y a lieu à donner acte au prévenu de la déclaration qu'il attribue au ministère public.

» En ce qui touche la prescription ;

» Considérant que le moyen de prescription, invoqué par le prévenu devant les premiers juges, a été rejeté par l'arrêt de mise en prévention ; que cet arrêt n'a pas été attaqué par la voie de recours en cassation, seule voie qui lui était ouverte pour en suspendre l'exécution, sans s'arrêter aux conclusions de Béranger, ordonne qu'il sera plaidé au fond.

Aussitôt après la prononciation de l'arrêt, Me Dupin commence sa plaidoirie sur le fond. Il s'exprime en ces termes :

Messieurs les jurés,

Un homme d'esprit a dit de l'ancien gouvernement de la France, que c'était *une monarchie absolue tempérée par des chansons.*

Liberté entière était du moins laissée sur ce point.

Cette sorte de liberté était tellement inhérente au caractère national que les historiens l'ont remarquée. « Les Français, dit Claude de Seyssel, ont toujours eu licence et liberté de parler à leur volonté de toute sorte de gens, *et même de leurs princes*, non pas après leur mort tant seulement, mais encore de leur vivant et en leur présence (1).

Chaque peuple a sa manière d'exprimer ses vœux, sa pensée, ses mécontentemens.

L'opposition du taureau anglais éclate par des mugissemens.

Le peuple de Constantinople présente ses pétitions, la torche à la main.

---

(1) Claude de Seyssel, archevêque de Turin, auteur d'une bonne *Histoire de Louis XII* et du livre de la *Monarchie française*. Il est très-remarquable que, dans ce livre imprimé en 1519, l'auteur met *le Parlement au-dessus du Roi.*

Les plaintes du Français s'exhalent en couplets terminés par de joyeux refrains.

Cet esprit national n'a pas échappé à nos meilleurs ministres ; pas même à ceux qui, d'origine étrangère, ne s'étaient pas crus dispensés d'étudier le naturel français.

Mazarin demandait : Eh bien ! que dit le peuple des nouveaux édits?—Monseigneur, le peuple chante. — *Le peuple cante*, reprenait l'Italien, *il payera :* et satisfait d'obtenir son budget, Mazarin le laissait chanter.

Cette habitude de faire des chansons sur tous les sujets, sur tous les événemens, même les plus sérieux, était si forte et s'était tellement soutenue, qu'elle a fait passer en proverbe qu'en France, *tout finit par des chansons.*

La Ligue n'a pas fini autrement : ce que n'eût pu faire la force seule, la satyre Ménippée l'exécuta (1).

---

(1) . . . . *Ridiculum acri*
Fortiùs ac meliùs magnas plerumque secat res.

Que de couplets vit éclore la Fronde ! les baïonnettes n'y pouvaient rien.

> Au qui vive d'ordonnance
> Alors prompte à s'avancer,
> La chanson répondait, *France !*
> Les gardes laissaient passer.

Aujourd'hui qu'il n'y a plus de *monarchie absolue*, mais un de ces gouvernemens nommés *constitutionnels*, les ministres ne peuvent pas supporter la plus légère opposition ; ils ne veulent pas que leur pouvoir soit tempéré *même par des chansons.*

Leur susceptibilité est sans égale.... Ils n'entendent pas la plaisanterie.... et sous leur domination, il n'est plus vrai de dire : *tout finit par des chansons*, mais tout finit par des procès.

Nous allons donc plaider.

Les chansons de M. Béranger sont déférées aux tribunaux....

M. l'avocat-général a fait de ces chansons le plus grand éloge auquel leur auteur pût aspirer : il a prétendu que ce n'étaient point de véritables *chansons*, mais des *odes*.

Il est vrai qu'il n'a vu là qu'une altération du genre : à l'en croire, on ne devrait regarder comme chansons proprement dites, que les Pont-Neuf et les couplets de pure gaieté : nous, au contraire, nous trouvons ici un perfectionnement qui tient, pour les chansons comme pour tout le reste, à l'élan général de tous les esprits.

Oui, j'en conviendrai, les chansons de Béranger ne sont pas des *vers à Chloris* ; plusieurs d'entre elles s'élèvent jusqu'à l'ode ; excepté quelques rondes consacrées au vin et à l'amour, notre poëte célèbre plus volontiers la bravoure, la gloire, les services rendus à la patrie, l'amour de la liberté !...

Un auteur, dit-on, se peint dans ce qu'il écrit.

Nous trouvons le caractère de Béranger dans ses ouvrages ; indépendant par caractère ; pauvre par état ; content à force de philosophie ; n'attaquant que le pouvoir et ses abus ; et, du reste, pouvant dire de lui ce que bien peu de gens aujourd'hui pourraient dire d'eux-mêmes : *je n'ai flatté que l'infortune.*

Sa première chanson politique fut le *roi d'Yvetot..* Cette chanson dirigée contre Napoléon, au plus haut point de sa puissance, eut une grande vogue à Paris, surtout au faubourg Saint-Germain, où l'on avait, du moins, conservé le courage de rire à huis-clos.

Napoléon qui savait bien, a-t-on dit, que *du sublime au ridicule, il n'y a qu'un pas* ; Napoléon eut le bon sens de ne pas se reconnaître dans cette chanson. L'auteur ne fut pas poursuivi par les procureurs, alors impériaux, aujourd'hui royaux ; il ne fut pas même destitué par l'université, toute impériale qu'elle était.

Les chansons de Béranger s'étaient accrues au point de former un volume. En novembre 1815, le sieur Poulet, imprimeur, fit à la direction de la librairie la déclaration qu'il allait les imprimer sous le titre de *Chansons morales et autres*.

Elles parurent, et n'excitèrent aucune poursuite en 1815; la fureur même de 1816 ne produisit aucun réquisitoire; et l'auteur continua de garder sa place.

De nouvelles chansons sont venues depuis augmenter les premières, et fournir la matière d'un second volume. Le premier était épuisé : les pièces, composées récemment, étaient dans toutes les mémoires et dans toutes les bouches; on pressa l'auteur de donner une édition complète.

On a cru faire un grand reproche à Béranger, en appelant cela une *spéculation;* et en prétendant d'ailleurs que la souscription n'avait été remplie que par *des amis*.

Je répondrai d'abord, avec Boileau, qu'un auteur, et surtout un auteur destitué de place et de pension,

> Peut, sans honte et sans crime,
> Tirer de son travail un profit légitime;

et j'ajouterai, pour repousser la dernière partie de l'objection, qu'au lieu de blâmer, il faudrait féliciter, de son rare bonheur, l'homme accusé qui compterait ses amis au nombre de dix mille!

Dans cette nouvelle édition (dont le premier volume n'est qu'une exacte réimpression de celui de 1815), on remarque un assez grand nombre de chansons politiques. On peut citer principalement celles-ci :

La Requête présentée par les chiens de qualité, pour qu'on leur rende l'entrée libre au jardin des Tuileries :

Puisque le tyran est à bas,
Laissez-nous prendre nos ébats.

La *Censure*, qui intervient si puissamment dans le récit des accusations pour délits de la presse, et qui ne permet pas même d'imprimer textuellement les arrêts de la Cour, quand ces arrêts lui déplaisent :

Que sous le joug des libraires,
On livre encor nos auteurs,
Aux censeurs, aux inspecteurs,
Rats de cave littéraires;
Riez-en avec moi.

Ah ! pour rire
Et pour tout dire,
Il n'est besoin, ma foi,
D'un privilège du roi.

Le Ventru ou compte rendu de la session de 1818 *aux électeurs du département de ***, par M.****, chanson devenue européenne :

Quels dînés,
Quels dînés
Les ministres m'ont donnés.
Oh ! que j'ai fait de bons dînés !

Le Dieu des bonnes gens ; morceau sublime où l'auteur a véritablement atteint à ce que l'ode a de plus élevé :

Un conquérant, dans sa fortune altière,
Se fit un jeu des sceptres et des lois ;
Et de ses pieds on peut voir la poussière
Empreinte encor sur le bandeau des Rois.
Vous rampiez tous ! . . . .

Le Vilain, *le Marquis de Carabas*, *le vieux Drapeau ;* et, plus que tout cela, *les Missionnaires*, *les Capucins* et jusqu'*aux Chantres de paroisse.*

Enfin, et de même que le lion malade,

avouant toutes ses peccadilles, disait, à la dernière extrémité...

Même il m'est arrivé quelquefois de manger
Le berger ;

Béranger doit le confesser aussi ; il a chansonné les ministres.... ; et même, il faut bien l'avouer encore, il n'a pas épargné quelques-uns des gens de robe qui se sont le plus signalés contre les écrivains par la *doctrine subtile des interprétations*....

On éprouve parfois des pressentimens involontaires. L'auteur ne se dissimulait pas le danger auquel il s'exposait ; il en parlait, mais en riant, selon sa coutume.

Tel est le sujet de sa chanson intitulée : la *Faridondaine* ou *la Conspiration des chansons*.

Il y met en scène un homme de police, auquel il recommande de tout explorer, dénoncer, interpréter. Surtout, lui dit-il,

Surtout transforme avec éclat,
La faridondaine
En crime d'État.
Donnons des juges sans juri.
Biribi,
A la façon de barbari,
Mon ami.

. . . .

Si l'on ne prend garde aux chansons,
L'anarchie est certaine.

Enfin, il se disait à lui-même :

J'ai trop bravé nos tribunaux (1).

En effet, il ne devait pas tarder à y être traduit.

Le 27 octobre 1821, Béranger est dénoncé par le Drapeau blanc. Son redoutable rédacteur gourmande les magistrats : « S'il n'y a pas eu *connivence*, dit-il, on » ne peut du moins s'empêcher de remar- » quer l'étrange irréflexion de l'autorité » *répressive.* »

Dès le surlendemain (29 octobre) réquisi-

(1) . . . Dans leurs dédales infernaux
J'entends Cerbère et ne vois point Minos.

toire au parquet. La saisie des exemplaires est ordonnée ; mais heureusement pour l'auteur, les *dix mille* avaient fait *retraite ;* la police n'en put arrêter que quatre.

Il n'y avait encore qu'un simple réquisitoire ; mais, comme, d'après la jurisprudence introduite sous le ministère actuel, tout homme dénoncé est nécessairement coupable, on débuta par priver M. Béranger de son emploi.

Je pourrais ici m'élever contre cet injuste système du ministère actuel, d'exiger de tous les fonctionnaires un dévouement absolu à ses volontés, et même à ses caprices ; de ne laisser à personne ce qu'on a toujours appelé la liberté de conscience; de dire aux électeurs, par exemple, vous nommerez *nos candidats*, ou vous serez incontinent destitués ; aux députés, vous voterez pour nous et avec nous, ou bien vous perdrez vos places ; de vouloir ainsi associer à son action, ce qu'on appelle aujourd'hui des *hommes sûrs*, pour tous les emplois, pour toutes les fonctions!... et de pousser la tyrannie jusqu'à dire, même à ceux qui ne font que des chansons, vous chanterez pour nous, ou vous serez destitués!

Mais, nous dit-on, était-il possible de tolérer dans l'instruction publique, un employé qui professait de pareilles maximes! — Je réponds d'abord pour le sieur Bérenger, qu'il n'était pas dans le conseil royal d'instruction publique. Il était dans un coin du tableau, placé dans un endroit où il ne pouvait faire de sottises,... il était simple expéditionnaire. Il observait... et quand il se présentait un sujet de chanson, il chansonnait.

D'ailleurs, on ne l'a pas destitué pour avoir fait *des chansons immorales;* celles que l'accusation a qualifiées ainsi, appartiennent toutes au volume publié en 1815; c'était donc en 1815 qu'il eût fallu le destituer; car alors, apparemment comme aujourd'hui, il était défendu d'offenser la morale... Mais l'auteur n'avait pas encore fait cette foule de *chansons politiques*, *anti-ministérielles* et *anti-judiciaires*, qui seules ont irrité contre lui ; il n'avait pas encore célébré, dans ses vers, les missionnaires, les capucins, et tous ceux qui disent à l'envi l'un de l'autre,

Éteignons les lumières
Et rallumons le feu.

C'est là surtout ce qu'il ne faut pas perdre de vue.

Quant aux formes de. la destitution, elles ont, il faut en convenir, été très-gracieuses ; il est impossible de renvoyer quelqu'un d'une manière plus polie : les termes du congé valent presque un certificat pour se présenter ailleurs. Laissons parler l'organe de l'Université : « Le con-
» seil juge, Monsieur, que d'après les avis
» qui vous avaient été donnés précédem-
» ment, vous avez *de vous-même renoncé*
» à l'emploi que vous occupez dans l'ad-
» ministration, lorsque vous vous êtes
» déterminé à la publication de votre *se-*

» *cond* recueil. — Recevez l'assurance de » ma *parfaite considération* (1). » (Eclats de rire universels.)

M. le Président : J'ai déjà prévenu l'auditoire qu'au moindre rire, au moindre manque de respect, je ferais évacuer la salle; je répète que je ferai le devoir que la loi m'impose.

M. Dupin : Cela me trouble moi-même, et l'on me rendra service en ne riant pas.

Mais oublions la destitution, pour revenir au réquisitoire. Béranger voit sa muse traduite au Palais-de-Justice :

Suivez-moi,
C'est la loi,
Suivez-moi, de par le Roi (2).

Il comparaît, et n'est pas peu surpris de s'entendre proposer des questions si graves sur un fonds si léger; et, comme il l'a raconté depuis,

---

(1) Et jusqu'à je vous hais, tout se dit tendrement,
A l'Université, comme ailleurs.

(2) Refrain d'une chanson de M. Béranger, intitulée : *Ma première visite au Palais-de-Justice.*

(de) Voir prendre à ses ennemis,
Pour peser une marotte,
La balance de Thémis.

Quoi qu'il en soit, il répond de bonne grâce et de son mieux. Sur les premières chansons, il oppose la prescription. Quant aux autres, il déclare ne pas savoir ce qu'elles ont de contraire à la loi.

Ces réponses sont loin de satisfaire le parquet; et le 5 novembre, paraît un réquisitoire *ampliatif*. Cinq chansons seulement avaient paru coupables à une première lecture; mais en y regardant de plus près, en y réfléchissant bien, le second réquisitoire en signale *quatorze!* (1)

Nouvel interrogatoire subi par la muse : mêmes réponses que précédemment.

Enfin, le 8 novembre 1821, ordonnance de la chambre du conseil qui admet l'ex-

(1) Cela rappelle le trait de ce chirurgien de village, qui, après avoir décrit minutieusement jusqu'aux moindres contusions qu'il avait remarquées sur un cadavre qu'il était chargé de visiter, ajoutait après la clôture de son procès-verbal : *plus un bras cassé dont nous ne nous étions pas d'abord aperçus*. (On rit beaucoup.)

ception de prescription pour toutes les pièces comprises au premier volume, et déclare qu'il y a lieu à suivre pour le surplus; et le 27 du même mois, sur l'opposition à cette ordonnance, formée à la requête du ministère public, et par suite d'un troisième réquisitoire, arrêt de la chambre d'accusation qui, sans s'arrêter à la prescription objectée, renvoie sur le tout à la Cour d'assises.

Cet arrêt établit quatre chefs d'accusation :

1°. Outrage aux bonnes mœurs ;

2°. Outrage à la morale publique et religieuse ;

3°. Offense envers la personne du roi ;

4°. Provocation au port public d'un signe extérieur de ralliement.

Vous venez d'entendre le réquisitoire qui contient le développement donné pour la première fois, à cette vaste incrimination.

J'y dois répondre à l'instant : mais avant

d'entrer dans la discussion de chacun des chefs d'accusation, qu'il me soit permis, à l'exemple du ministère public, de présenter aussi quelques considérations générales.

Le premier sentiment qu'a fait naître ce procès, a été l'étonnement. Un procès pour des chansons!... en France!... et cela vous explique, Messieurs, l'immense affluence que nous voyons au Palais. Dans tous les cercles on s'est dit : Allons voir ce singulier procès, on n'en a jamais vu de semblable ; jamais on n'en verra de pareil ; profitons de l'occasion.

Des gens moins frivoles l'ont considéré sous d'autres rapports : ils l'ont regardé comme imprudent, et surtout comme impolitique. Les uns, dont la *Gazette de France* (1) s'est rendue l'organe, ont fait les réflexions suivantes :

« Les véritables conspirateurs ne rient
» jamais, aimable et douce opposition

---

(1) N° du 12 novembre 1821. Il faut lui en savoir gré.

» qui s'évapore en flons flons, en brochu-
» res, en plaisanteries plus ou moins in-
» génieuses; les gouvernemens n'en ont
» rien à redouter, c'est avec d'autres
» armes qu'on les ébranle. »

Les autres, et il faut le dire, presque tous, se sont écriés, quelle maladresse! que c'est mal connaître le cœur humain! On veut arrêter le cours d'un recueil de chansons, et l'on excite au plus haut point la curiosité publique! On voudrait effacer des traits qu'on regarde comme injurieux, et, de passagers qu'ils étaient par leur nature, on les rend éternels comme l'histoire à laquelle on les associe! Au lieu de les détourner de soi, on vient avouer qu'ils ont frappé droit au but, on se dit percé de part en part! Rappelez-vous donc ce qu'on lit dans Tacite : Les injures qu'on méprise, s'effacent; celles qu'on relève, on est censé les avouer : *Spreta exolescunt; si irascaris, agnita videntur.*

Si l'on pouvait en douter, il serait facile d'interroger l'expérience : elle attesterait que toutes les poursuites de ce genre ont produit un résultat contraire à celui qu'on s'en était promis.

M. de Lauraguais écrivait au Parlement de Paris : *Honneur aux livres brûlés !*

Il aurait dû ajouter, *profit aux auteurs et aux libraires !* Un seul trait suffira pour le prouver. En 1775, on avait publié contre le chancelier Maupeou des couplets satyriques, au nombre desquels se trouvait celui-ci :

Sur la route de Chatou
Le peuple s'achemine,
Sur la route de Chatou,
Pour voir la f.... mine
Du chancelier Maupou,
Sur la rou....
Sur la rou....
Sur la route de Chatou.

Faire une chanson contre un chancelier, ou même contre un garde-des-sceaux, c'est un fait grave. Maupeou, piqué au vif, fulminait contre l'auteur, et le menaçait de tout son courroux s'il était découvert. Pour se mettre à l'abri de la co-

lère ministérielle, le rimeur se retira en Angleterre, et de là il écrivit à M. de Maupeou en lui envoyant une nouvelle pièce de vers : « Monseigneur, je n'ai ja-
» mais désiré que 3,000 francs de revenu :
» ma première chanson, qui vous a tant
» déplu, m'a procuré, uniquement parce
» qu'elle vous avait déplu, un capital de
» 30,000 fr. qui, placé à cinq pour cent,
» fait la moitié de ma somme. De grâce,
» montrez le même courroux contre la
» nouvelle satyre que je vous envoie; cela
» complètera le revenu auquel j'aspire, et
» je vous promets que je n'écrirai plus. »

En continuant mes observations générales sur le procès de M. Béranger, je vous prierai de ne pas vous arrêter au prétexte, mais d'approfondir la véritable cause ; c'est une pure vengeance ministérielle, exercée par des hommes dont l'amour-propre trop sensible a été vivement blessé, et qui ne veulent pas plus d'une opposition en vers que d'une opposition en prose.

L'embarras de l'accusation se décèle par ses propres incertitudes. Trois réquisitoires peu d'accord entre eux...

(Ici M. l'avocat-général interrompt le défenseur, et lui dit que le dernier n'a pas été rédigé par lui. — Le défenseur répond qu'il importe peu par qui il ait été rédigé ; que tous les officiers du parquet sont également capables de rédiger des réquisitoires : qu'en fait, il les tient tous trois à la main, et que leur analyse va justifier son assertion. Il reprend en ces termes :)

Trois réquisitoires peu d'accord entre eux, et modifiés soit par l'ordonnance de la chambre du conseil, soit par l'arrêt de la chambre d'accusation.

Le premier, du 20 octobre, qui ne signale comme coupables que *cinq chansons* ; celui du 5 novembre, qui en dénonce *quatorze* ; l'ordonnance de la chambre du conseil, qui admet la prescription contre le plus grand nombre ; un troisième réquisitoire, du 20 novembre, qui reproduit l'accusation contre *douze* pièces, parmi lesquelles on voit figurer *les myrmidons* qui avaient échappé aux deux premiers réquisitoires; enfin, l'arrêt de renvoi qui fixe définitivement le nombre des pièces arguées, ce dont il résulte que *les myrmidons* sont mis hors de cause.

Telle est l'accusation; et j'ose dire que toutes les difficultés dont elle est environnée n'ont pas diminué par le choix même de l'accusateur, quel que soit d'ailleurs son talent...

A ces considérations sur la forme et la singularité de l'action, s'en joignent d'autres sur le fond; et celles-ci ne se recommandent pas moins à votre attention.

La justice distributive ne s'exerce qu'à l'aide d'une foule de distinctions. Dans les accusations de la presse, il faut surtout éviter de confondre les divers genres. S'agit-il d'un livre d'éducation? soyez sévères : *maxima debetur puero reverentia*. Punissez le moindre écart : non-seulement toute fausse maxime, toute idée trop libre est pernicieuse dans ces sortes d'ouvrages; mais l'équivoque même en doit être bannie; la jeunesse ne doit lire que dans le livre de la vertu.

Avez-vous à juger un sermonaire? Si, aux maximes de la charité chrétienne, l'imprudent orateur a substitué le langage de la haine et des partis; si, sous prétexte d'attaquer les vices, il en a tracé le tableau avec les pinceaux de l'obscénité; punissez avec sévérité le prédicateur qui a perdu de vue le véritable esprit de son ministère, et qui s'en est permis un coupable abus.

Que dans un ouvrage sur la politique, on excuse, on justifie, ou même que l'on conseille le régicide, comme l'ont fait les jésuites; condamnez l'ouvrage et l'auteur, tout ainsi que le parlement condamna jadis les jésuites et leurs doctrines.

Mais si dans une tragédie on poignarde Agamemnon, direz-vous également qu'on met le régicide en action? Non, Messieurs, vous n'y verrez qu'un sujet habilement traité, où l'auteur, suivant les règles de son art, nous conduit au dénoûment par la terreur et la pitié.

Lorsque, dans un poëme moins sérieux, vous voyez *Henri V* en bonne fortune, déguisé en matelot, à la taverne du Grand-Amiral, sous l'escorte du plus mauvais sujet des trois royaumes; lorsque, dans *la partie de chasse de Henri IV*, on nous représente sur la scène le bon roi mettant le couvert avec la fille de Michau, et la poursuivant autour de la table pour lui dérober un baiser; en concluerez-vous que par ces jeux scéniques on veut avilir les rois, et diminuer le respect dû à la royauté? — Non, Messieurs, vous ne verrez encore là que l'effet d'un art permis.

Et toujours aux grands cœurs donnez quelques faiblesses.

Or, si la tragédie et la comédie jouissent de ce privilége de n'être pas traitées avec la même rigueur que les livres de politique et de pure morale, parce qu'ils ne doivent pas être considérés sous le même point de vue; de quelle liberté plus grande encore ne doit pas jouir le plus léger de tous les poëmes, la chanson!

Faisons attention d'ailleurs au goût que notre nation a manifesté de tout temps pour ce genre de composition. Vainement on nous dit d'un air sombre que *le Français n'a plus son ancienne gaieté*. J'en demande pardon au ministère public : la gaieté de nos pères est encore celle de leurs enfans; aucune loi, aucun procès ne pourrait nous empêcher de rire; et la gaieté franche, ainsi que la bravoure, seront toujours les traits les plus marqués du caractère français.

Boileau nous l'a dit :

> Le Français né malin créa le Vaudeville.
> . . . .
> La liberté française en ses vers se déploie.

Voilà les règles de la matière, et je puis bien, ce me semble, invoquer devant vous le législateur du Parnasse, dans la cause d'un de ses plus fidèles sujets.

Enfin, Messieurs, j'aurais bien encore

le droit de faire une observation préliminaire :

> Les vers sont enfans de la lyre ;
> Il faut les chanter, non les lire.

Aussi dit-on communément que *c'est le ton qui fait la musique.* Il ne faut donc pas juger d'une chanson par ce qu'elle peut être dans la bouche d'un greffier ; (encore bien que celui-ci ait lu avec une grâce à laquelle ses prédécesseurs ne nous avaient pas accoutumés) : (murmure d'approbation). Il ne faut même pas en juger par ce qu'elle peut être dans la bouche du ministère public ; sa voix est accoutumée à de trop sévères accens. Les chansons qui vous sont déférées n'ont pas été composées sur *l'air de l'accusation*, ni faites pour être débitées gravement par gens en robe et en bonnets carrés.

Chez ce peuple, ami des arts, et doué d'une si vive sensibilité, où la justice n'était pas seulement une manière de voir et de raisonner, mais aussi une manière de sentir et d'être touché, devant ce tribunal où Sophocle, pour repousser une demande en interdiction, n'eut besoin que de réciter les beaux vers de son OEdipe ; on n'eût pas manqué d'ordonner *d'office* que les couplets ou, si l'on veut, les *odes*, seraient chantées à l'audience par les voix les plus mélodieuses, et sous la protection des plus délicieux instrumens. On chantait en présence de toutes les divinités ; on eût chanté dans le temple de la justice. Lorsqu'on fit le procès à la lyre de Therpandre, on ne manqua pas de la faire résonner pour la convaincre d'harmonie.

Si ce secours nous est ravi, j'espère au moins, Messieurs, que vous nous en tiendrez compte.

Ier CHEF D'ACCUSATION. — *Outrage aux bonnes mœurs.*

On est sûr de vous intéresser, Messieurs, lorsqu'on prend devant vous la défense des bonnes mœurs. Elles sont les gardiennes de la foi conjugale, du respect des enfans pour leurs pères ; elles prêtent leur force aux bonnes lois, corrigent les mauvaises, et sont la sauve-garde de la société.

Que mon client serait malheureux de les avoir outragées !

Mais prendrez-vous pour outrage ce qui n'a rien de sérieux? Lorsque Collé (dont nous devons une nouvelle édition aux soins d'*un censeur*) nous dit dans l'élan de sa gaieté :

Chansonniers, mes confrères,
Le cœur, l'amour, ce sont des chimères :
Dans vos chansons légères,
Traitez de vieux abus,
De phébus,
De rébus,
Ces vertus
Qu'on n'a plus.

Peut-on prendre à la lettre et traiter à la rigueur ce qui n'est évidemment qu'un badinage? Ici viennent se placer mes observations préliminaires sur les divers degrés de sévérité qu'on doit apporter en jugeant des ouvrages de différens genres.

Ce n'est pas que je prétende justifier, sous le rapport des simples *bienséances*, ce qui ne serait même que tant soit peu équivoque ; mais, au moins, je l'absous du reproche de *criminalité*. Il ne s'agit pas de décerner l'éloge, mais de repousser la culpabilité. Or, je soutiens qu'on ne doit regarder comme un *outrage aux bonnes mœurs*, dans le sens *légal*, que les obscénités, et non les idées voluptueuses gazées avec art.

Il vaut mieux éviter toute licence. Mais lorsqu'il s'agit uniquement de savoir si un auteur a franchi les bornes permises, à défaut de règles précises et de limites clairement posées, on peut invoquer des exemples, surtout s'ils sont empruntés à des auteurs qu'on n'oserait pas taxer d'immoralité.

Ouvrez donc les OEuvres de Bernis ; lisez ses pièces intitulées *le Soir*, *le Matin*, *la Nuit*, (pièces pour lesquelles je n'affirme pas qu'il ait été nommé cardinal, mais enfin qui ne l'ont pas empêché de l'être, presqu'aussitôt après leur première édition), et voyez si, dans les chansons de Béranger, il y a rien d'approchant, rien de comparable aux *gaietés* qui se font remarquer dans les chansons de l'un des princes de l'Église romaine !

Le duc de Nivernais, homme d'esprit, homme de cour, l'un des plus grands seigneurs de l'ancien régime, a-t-il eu à rougir de sa *Gentille Boulangère* et de *ses petits pains au lait?* Et pourtant cette chanson fut faite pour une tête couronnée !

Et cette autre chanson si connue de la ville et de la cour : *J'ai vu Lise hier au soir !*

Enfin, je pourrais aller encore chercher des exemples plus haut, et citer le spirituel auteur du couplet qui commence par ce vers........, resté dans toutes les vieilles mémoires. Si je ne nomme point cet auteur, ce n'est pas que je craigne de le compromettre : il ne court aucun risque ; la prescription est acquise depuis long-temps, et certes les gens du roi ne le poursuivraient pas!

Qui donc a inspiré ces chansons à leurs illustres auteurs, si ce n'est la gaieté, la grande liberté attachée à ce genre léger de composition?

La chanson de Henri IV peut être encore alléguée pour exemple. *Vive Henri IV, vive ce roi vaillant*, est sans doute et sera toujours un cri national; mais ce qui suit: *Ce diable à quatre a le triple talent, de boire, de battre, et d'être un vert galant*, qu'est-ce autre chose, je vous le demande, si ce n'est le triple éloge de l'ivrognerie, de la violence et du libertinage, autrement dit de l'adultère, puisque le bon roi était marié.

Voilà cependant ce qu'on chante avec passion, avec plaisir : on n'y trouve aucun mal, parce que l'on n'y voit que de la saillie et de la gaieté.

En un mot, ce qui fait passer ces chansons, c'est que ce sont des chansons. Telle pensée, telle phrase, tel mot seraient reprehensibles ailleurs, qui doivent trouver grâce dans un couplet, dans un refrain, ou même dans une églogue : témoin celle que l'on fait traduire aux écoliers de troisième dans tous les colléges, et même dans ceux des Jésuites :

Formosum pastor Corydon ardebat Alexin
Delicias domini !

Je ne m'étendrai pas davantage sur ce point, Messieurs; je n'examinerai pas si M. Béranger n'eût pas mieux fait, pour sa propre gloire et pour rendre encore plus générale la vogue de son Recueil, d'en retrancher quelques pièces un peu libres. Il suffit, pour la cause, qu'elles n'aient rien d'obscène; et je réduis pour vous la question à ce seul point : Quel est celui d'entre vous qui, s'il n'a point fait de chansons, n'en ait pas du moins entendu de pareilles, sans y croire sa pudeur intéressée?

Je m'estime heureux, au surplus, de ce que le ministère public ayant cru lui-même devoir déserter cette partie de l'accusation, je suis dispensé d'y insister plus long-temps.

Je terminerai seulement par une réflexion. La Cour a rejeté le moyen de prescription ; mais si le point de droit m'a été enlevé par l'arrêt, le fait me reste; et dans une accusation où vous êtes, avant tout, appelés à apprécier l'*intention;* dans un procès où vous avez à juger une édition nouvelle, vous n'oublierez pas que le silence du ministère public, si vigilant de son naturel, surtout dans ce qui a rapport à la presse, a dû être pris pour une approbation ; et vous vous demanderez, si cet acquiescement de l'autorité n'était pas de nature à persuader à l'auteur que ce qui n'était pas punissable en 1815, ne devait pas, à plus forte raison, l'être en 1821, quand des mesures rigoureuses ont déjà disparu de notre législation.

J'aborde le second chef d'accusation : il est plus grave encore que le premier. Si l'on en croit l'accusation, M. Béranger aurait outragé Dieu lui-même !

C'est une étrange manie que celle des hommes qui prétendent se constituer les vengeurs de la Divinité !

Les anciens, qui n'avaient pas le bonheur de connaître le vrai Dieu, avaient, dans leur philosophie mondaine, une maxime plus sage à mon avis. Ils pensaient qu'il faut laisser aux Dieux le soin de se venger eux-mêmes : *Deorum injurias Diis curæ esse.* Maxime que les lois romaines ont adoptée, en décidant que le parjure a assez de Dieu pour vengeur. *Jurisjurandi contempta religio satis Deum habet ultorem.* L. 2, C. de Jurejur.

En effet, ces sortes d'actions ne servent ordinairement que de masque aux passions haineuses : les hommes se laissent aller trop aisément à l'idée que leurDieu ressent toutes les passions dont ils sont animés ; qu'il peut être, comme eux, vindicatif, envieux, colère, et surtout exterminateur.

Telle était la théologie du paganisme. C'est là que l'on voit des dieux menteurs, ivrognes , incestueux, adultères ; mais dans le christianisme, mais dans la religion d'un Dieu qui, loin de venger ses offenses, est mort pour racheter les nôtres, ah ! Messieurs, quel renversement d'idées que de supposer qu'on peut lui être agréable par des procès intentés en son nom !

Notre divine religion est pleine de douceur, de miséricorde et de bonté ; ses plus illustres apôtres ont été en même temps les plus humains, les plus charitables, les plus indulgens envers leurs semblables.

Mais en rendant un éclatant hommage de respect, de déférence et d'amour aux vénérables pasteurs qui se montrent animés du véritable esprit de la tolérance évangélique, reconnaissons aussi qu'on a vu trop souvent de mauvais prêtres affecter avec audace de s'identifier avec la Divinité. Quiconque les heurtait, ils le représentaient aussitôt comme s'attaquant à Dieu même ; et ce n'est pas d'aujourd'hui qu'on les a signalés en disant de l'un d'eux:

Qui n'aime pas Cotin, ne peut aimer le roi ;
Et n'a, selon Cotin, ni Dieu, ni foi, ni loi.

Ah ! que l'immortel Molière les a bien dépeints, lorsqu'il a dit des faux dévots, qu'ils sont :

.. . Prompts, vindicatifs, sans foi, pleins d'artifices ;
Et pour perdre quelqu'un couvrent insolemment
Des intérêts du ciel leur fier ressentiment;

tandis qu'au contraire, les vrais dévots, ceux-là qu'il faut suivre à la trace, sont toujours disposés à l'indulgence,

Et ne veulent point prendre avec un zèle extrême,
Les intérêts du ciel plus qu'il ne veut lui-même.

Toutes ces réflexions ont été présentes à la pensée de ceux qui nous ont donné la législation actuelle sur la presse.

La loi du 17 mai n'a pas voulu venger les hommes, mais les choses.

Assurément il faut avoir une religion. J'ai la mienne, c'est celle de mes pères : j'en connais les devoirs et les principes ; j'y demeurerai fidèle jusqu'au tombeau. Mais quelque bon catholique que l'on soit, cela ne dispense pas de juger les autres avec cette indulgence que l'on doit à ses frères... C'est ce qu'a voulu la loi du 17 mai, faite par des hommes qui tous avaient des mœurs et de la religion, mais qui n'ont pas voulu qu'on trouvât, dans leur loi, un moyen de persécution contre ses semblables.

Aussi cette loi ne punit pas ceux qui attaquent ou révoquent en doute une croyance particulière, des pratiques qu'il est d'ailleurs bon de respecter ; mais ceux qui offensent *la morale publique et la morale religieuse*, deux généralités qui couvrent la terre et qui la régissent.

La morale publique n'est pas la morale particulière de certains hommes, de certaines classes, de certains intérêts ; c'est cette raison supérieure qui nous éclaire sur le juste et sur l'injuste ; c'est cette voix qui n'est que le cri de la bonne conscience ; ces vérités éternelles, immuables, indélébiles, que Dieu a gravées dans le cœur de tous les hommes ; qui, dans tous les temps, comme dans tous les pays, servent à régler leur conduite, et à la diriger vers le bien ; qui prescrivent la fidélité dans les engagemens, le respect de tous les devoirs, et constituent, à proprement parler, le droit naturel.

Mettez, même dans une chanson, qu'on peut voler le bien d'autrui, qu'on peut être fourbe dans les affaires publiques ou particulières ; ce sera un outrage à la morale publique, parce que professer de telles maximes, c'est attaquer la société dans son essence, comme un coup de poignard attaque la vie dans sa source.

La morale religieuse n'est pas non plus la morale de telle ou telle secte. Ce n'est pas plus celle de l'Alcoran, que celle des rabbins ; celle des catholiques, que celle des luthériens, des calvinistes ou des anglicans. C'est cette idée si vaste, si consolante, si bien comprise de tous les peuples de la terre, qu'il est un Dieu souverain, créateur de toutes choses ; cette confiance qui n'a pu nous être inspirée que de

Dieu même, que notre ame est immortelle, et qu'il est une autre vie où chacun recevra la récompense ou la punition de ses bonnes ou mauvaises actions.

Telle est, Messieurs, la morale religieuse qu'on ne peut pas outrager sans encourir les peines établies par la loi dont je développe en ce moment l'esprit.

Voilà notre loi actuelle telle qu'elle a été conçue et portée. Vous vous rappelez qu'on voulait y introduire les mots *religion chrétienne*, afin de faire un délit spécial des offenses dirigées contre cette religion. Mais cet amendement, présenté par des hommes d'ailleurs très-respectables, fut combattu avec force, principalement par M. le garde-des-sceaux, et rejeté comme pouvant rallumer des querelles de religion entre les diverses sectes; tandis que toutes sont d'accord sur ce qui regarde la *morale publique et religieuse* en général; toutes sont unanimes pour condamner *l'athéisme et l'immoralité.*

La preuve la plus évidente que, dans

l'état actuel de la législation sur la presse, les offenses à *la religion chrétienne* ou *à la personne de ses ministres*, ne sont pas au rang des délits qu'elle a entendu réprimer, se trouve dans le projet de loi qui vient d'être présenté aux Chambres comme un acte *additionnel* (1) aux lois existantes.

Il y est dit, art. 1er : « Quiconque aura » *outragé* ou *tourné en dérision* la *religion* » *de l'État*, sera puni, etc., etc. »

Art. 6. « L'outrage fait publiquement, » d'une manière quelconque, *à un ministre* » de la religion de l'État...... etc., etc. »

Ainsi trois innovations notables sont proposées :

1°. On ne punira plus seulement l'outrage à la *morale religieuse* en général, mais encore l'outrage envers la *religion de l'État* en particulier.

2°. On punira non-seulement ceux qui auront *outragé* la religion de l'État, mais

(1) Expression de M. le garde-des-sceaux.

encore ceux qui l'auront *tournée en dérision.*

3°. Enfin, on punira aussi ceux qui, sans avoir outragé ni la morale religieuse, ni la religion de l'État, auront cependant outragé quelqu'un de *ses ministres.*

Voilà le projet !......

Que ce projet passe, qu'il soit converti en loi, chacun se tiendra pour averti. On saura qu'il ne faut pas seulement craindre d'offenser Dieu, mais encore tel ou tel culte ; que la dérision est punie aussi bien que l'outrage, et qu'enfin il ne suffit pas de respecter la morale, et qu'il faut encore garder son sérieux à l'aspect d'un capucin !......

Et encore ce projet passerait en loi, que je ne puis croire que jamais il eût la puissance de nous empêcher de rire.

Retournons, si l'on veut, au règne de Louis XIV et de madame de Maintenon. Même à cette époque, on a pu railler les gens d'église, sans encourir le reproche d'impiété ; témoins le *Tartufe* et le *Lutrin.*

Dans le Lutrin, composé à la demande du premier président de Lamoignon, auquel il fut dédié, combien de vers satyriques, bien autrement mordans que ceux de Béranger !

> Tant de fiel entre-t-il dans l'âme des dévots?

On y parle des chanoines qui

> S'engraissaient d'une longue et sainte oisiveté.

On les appelle de *pieux fainéans* qui

> Veillaient à bien dîner, et laissaient en leur lieu
> A des chantres gagés le soin de louer Dieu.

Et ces chantres eux-mêmes dont *les cabarets sont pleins!* et l'alcove du prélat! et ces deux vers :

> La déesse, en entrant, qui voit la nappe mise,
> Admire un si bel ordre, et reconnaît l'Église!

Quoi! tous les chanoines sont des fainéans ; les chantres des ivrognes ; on insulte des *classes* (1)! Tous les gens d'Église sont des gourmands, c'est à la table que

---

(1) *V.* le projet de loi sur ceux qui insulteront *les classes*! à moins qu'on n'ait voulu dire les *castes*....

l'on reconnaît l'Église ! Mais ce n'est rien encore, Messieurs, en comparaison de ce que dit le vieux Sydrac au chantre, dans le Conseil tenu pour aviser aux moyens de replacer le lutrin :

> Pour soutenir tes droits que le ciel autorise,
> Abîme tout plutôt, *c'est l'esprit de l'Église.*

Quoi ! l'esprit de l'Église est d'abîmer tout, si peu qu'on lui résiste, lors même qu'il ne s'agit que d'un lutrin ! Et que serait-ce donc, mon Dieu, s'il s'agissait d'un grand pouvoir temporel, de riches dotations, d'une prépondérance politique ?

Voilà pourtant, Messieurs, des vers qu'on imprimait librement sous Louis XIV ; des vers qui furent dédiés au premier président de Lamoignon ! Et l'on sait quelle fut la vengeance qu'on tira de l'auteur ; il fut enterré dans la sainte chapelle, sous le lutrin qu'il avait chanté !

Espérons donc que, même avec la *loi projetée*, il serait encore permis de signaler les ridicules d'une classe digne, par elle-même, de nos respects et de nos égards ; mais dont les individus ne sont pas retranchés de la société, ni dispensés de lui payer le tribut que tout homme doit à ses semblables, quand il se montre injuste ou ridicule.

Prouvons, en tout cas, que sans *la loi*, *actuellement en vigueur* (celle du 17 mai 1819), aucune des chansons arguées ne constitue ce que cette loi a qualifié délit d'outrage à *la morale publique et religieuse.*

Il est quelques chansons dont M. l'avocat-général n'a parlé que transitoirement, et par manière d'énonciation. Mais j'ai déjà dit que je n'aimais point ces *demi-concessions :* la discussion sur la prescription m'a prouvé leur danger : et puisqu'on n'a pas dit nettement qu'on abandonnait l'accusation sur ce point, je ne dois pas négliger de m'y arrêter.

« Nous ne parlerons pas, a dit M. l'a-
» vocat-général, nous ne parlerons pas de

» la chanson *des deux sœurs de charité*, » dans laquelle l'auteur, anéantissant tout » principe de morale, soutient qu'une fille » de joie ne mérite pas moins le ciel par » les excès de la débauche qu'une sœur de » charité par ses bonnes œuvres et son dé- » vouement sublime! »

L'auteur ne soutient rien de pareil : laissez-le lui-même exprimer sa pensée :

Entrez, entrez, ô tendres femmes!
Répond le portier des élus;
La charité remplit vos ames;
Mon Dieu n'exige rien de plus.
On est admis dans son empire,
Pourvu qu'on ait séché des pleurs;
Sous la couronne du martyre
Ou sous des couronnes de fleurs.

Oui, *pourvu qu'on ait séché des pleurs*, pourvu qu'on ait fait du bien à ses semblables, qu'on ait eu pitié du malheur, un pécheur peut espérer miséricorde. Dieu n'a pas dit qu'il n'y aura que les prudes qui entreront dans le paradis. Une femme, même de mauvaise vie, peut trouver grâce devant lui, si elle a fait quelque bonne œuvre. Témoin la Magdelaine qui n'était pas *très-sage*, et à qui cependant Jésus-Christ remit toutes ses fautes, en vue d'une seule bonne action. Eh bien ! Béranger n'a pas dit autre chose ; il n'a pas dit ce qu'on lui fait dire contre l'évidence du fait ; il n'a pas dit qu'une *fille de joie* pouvait mériter le ciel *par les excès de la débauche ;* il a seulement dit et très-délicatement exprimé, que le mal pouvait être racheté par le bien. Pensée tout-à-fait évangélique (1).

---

(1) On n'avait pas le texte même de l'écriture pour le citer à l'audience, le voici :

« Et en même temps une femme de la ville, *qui était de mauvaise vie*, ayant su que Jésus était à table chez Simon le Pharisien, y vint avec un vase d'albâtre plein d'huile et de parfum ; et, se tenant derrière lui à ses pieds, elle commença à les arroser de ses larmes et les essuyait avec ses cheveux ; elle les baisait et y répandait ce parfum. Ce que le pharisien qui l'avait invité, considérant, il dit en lui-même : Si cet homme était prophète, il saurait que celle qui le touche est *une femme de mauvaise vie*. Alors Jésus, prenant la parole (fait ressortir tout ce qu'a de touchant l'humble dévouement de la Magdelaine, et il ajoute) : C'est

« Nous ne parlerons pas, a dit encore
» M. l'avocat-général, de la chanson in-
» titulée : les *Chantres de paroisse*, où,
» selon le prévenu, le *Séminaire n'est*
» *qu'un hôpital érigé aux enfans trouvés*
» *du clergé.* »

Vous n'en parlerez pas ; et toutefois vous en parlez, en signalant le trait que vous croyez le plus propre à soulever l'opinion du jury contre l'auteur ; je dois donc entrer dans quelques explications.

Cette chanson est intitulée : les *Chantres de paroisse* ou *le Concordat de* 1817, ce qui est déjà utile à savoir :

Gloria tibi, Domine!
Que tout chantre
Boive à plein ventre.
Gloria tibi, Domine!
Le concordat nous est donné.

Ce qu'on dit des chantres est justifié d'a-

---

pourquoi je vous déclare que beaucoup de péchés lui sont remis, parce qu'elle a beaucoup aimé. »

(*Évangile selon saint Luc*. Chap. VII, v. 37 *et suiv.* *Traduct. de Sacy*.)

vance par ce qu'en a dit Boileau : *Et de chantres buvans les cabarets sont pleins.*

Quant au concordat, il faut considérer qu'il n'a existé qu'en projet; et que ce projet, présenté aux Chambres, a seulement été utile pour prouver que le ministère reconnaissait lui-même qu'il fallait une loi nouvelle pour déroger à la loi organique de 1801. Or, cette loi nouvelle n'a pas encore paru dans le Bulletin.

Ensuite, un concordat, par sa nature, est un acte temporel, un acte de législation et de gouvernement, qu'on peut critiquer ou blâmer, sans commettre le délit d'*outrage à la morale religieuse* ; (car il faut toujours en revenir à la qualification du délit.)

Si un concordat était un acte de foi, il n'y en aurait eu qu'un ; et une fois fait, on n'aurait pas pu y porter atteinte; mais on en a vu plusieurs, qui tous ont varié suivant l'opportunité ou le malheur des temps.

Que n'a-t-on pas dit sur ou plutôt contre le concordat de François Ier, en prose et en vers ; et, plus que tout cela, en oppositions, en résistances, en protestations ! Ouvrez l'histoire, elle vous dira que, par ce concordat, *le Roi et le Pape s'étaient donné réciproquement ce qui ne leur appartenait ni à l'un ni à l'autre*...

On a donc pu parler du concordat de 1817 avec une entière liberté : M. de Pradt l'a critiqué en quatre volumes qui renferment les faits les plus curieux ; Béranger l'a fait à sa manière qui, pour être moins instructive, n'en est pas moins piquante.

Les séminaires doivent sans doute être envisagés d'une manière plus sérieuse que ne l'a fait notre auteur ; mais un trait satyrique contre les personnes, n'est pas un outrage à la morale religieuse. N'oublions jamais le texte et l'esprit de la loi.

Quant à ce qu'il dit du concordat, sous le rapport *financier ;* rappelez-vous, Messieurs, ce qu'on a dit de tout temps sur les annates, le denier de Saint-Pierre, et en général sur ce qu'on a appelé les *exactions de la Cour de Rome*. C'est une expression consacrée dans tous les canonistes.

« Nous ne parlerons pas davantage
» (vous disait toujours le ministère pu-
» blic) de plusieurs chansons, dirigées
» contre les missionnaires, chansons telle-
» ment virulentes, qu'il ne faut pas s'éton-
» ner si, après les avoir lues, ceux, qui
» ne se sentent pas l'esprit d'en faire au-
» tant, *veulent* au moins lancer *des pé-*
» *tards* aux orateurs d'une religion que la
» Charte déclare religion de l'État. »

On ne s'attendait guère à voir des *pétards* dans cette affaire ; et surtout des pétards alimentés par le *salpêtre* des chansons, suivant une autre expression de M. l'avocat-général.

Les missionnaires ! *Indè iræ!* les missionnaires dont on ne parle qu'en passant ; mais qui, personne n'en doute, ont été l'une des principales causes du procès suscité au sieur Béranger.

Ici revient principalement la *question légale.* Offenser *les missionnaires* est-ce outrager la *morale publique et religieuse?*

Ils sont, dit-on, les orateurs d'une religion que la Charte déclare religion de l'État. Sans doute; mais la Charte n'a pas dit *religion dominante;* nous n'en sommes pas encore là. Si cela était, ce serait autre chose; car le verbe *dominer* est un verbe très-actif, qui veut un régime (1); c'est un maître auquel il faut des esclaves. Sous l'empire d'une religion qui serait dominante, ses ministres ne tarderaient pas à l'être eux-mêmes; les attaquer serait aussi dangereux que d'attaquer la religion même; mais, je le répète, nous n'en sommes pas encore là...

On voudrait armer le bras séculier en faveur des missionnaires; mais qu'on daigne y réfléchir.

Ce n'est pas d'aujourd'hui qu'il y a des

---

(1) A l'accusatif.

missions, des jésuites et des missionnaires! Du temps de la bulle *Unigenitus*, la France en fut couverte; ils poursuivaient les pénitens, le formulaire à la main; ils voulaient forcer les uns à se rétracter, les autres à se confesser; ils ont persécuté tout le monde...

Mais n'ont-ils pas éprouvé alors de contradictions? Combien de relations burlesques, de leurs courses, de leurs prédications, de leurs représentations publiques!

Que d'écrits de tout genre dirigés contre eux, contre leurs principes, leurs vues cachées, leur insatiable avarice et surtout leur ambition.

N'ont-ils pas fourni à Pascal le sujet d'un livre immortel où le sel des plaisanteries ajoute à la force des démonstrations?

N'ont-ils pas excité le zèle du Parlement par leurs scandaleux refus des sacremens aux fidèles, par l'audace avec laquelle ils entreprenaient sur le pouvoir des évêques et des pasteurs légitimes?

Car ce que voulaient surtout ces prêtres nomades, ces prédicateurs ambulans, c'était d'introduire chez nous l'esprit d'ultramontanisme dont ils étaient possédés : cet esprit destructeur des libertés de l'Église gallicane.

Ce qu'ils voulaient alors, ils le tentent encore aujourd'hui, et le temps n'est pas éloigné, peut-être, où les Cours du royaume se verront obligées de reprendre à leur égard l'ancienne jurisprudence des Parlemens, et de réprimer leurs entreprises avec la même sévérité.

Béranger n'a-t-il pas bien saisi leur caractère? ne les a-t-il pas fait parler suivant leur génie, lorsqu'il leur fait dire :

> Par Ravaillac et Jean Châtel
> Plaçons dans chaque prône,
> Non point le trône sur l'autel
> Mais l'autel sur le trône.

Oui, voilà leur antique esprit, *l'autel sur le trône!* Et par l'autel ils entendent eux-mêmes; ils s'identifient avec Dieu, comme les courtisans se retranchent derrière le despotisme, pour être des tyrans subalternes : *et omnia serviliter pro dominatione*. Ces faux prêtres n'argumentent de Dieu que pour lancer la foudre en son nom, de même que les ministres excipent sans cesse de la personne sacrée du Roi pour participer de l'inviolabilité qui n'appartient qu'à lui seul.

Béranger est donc justifié d'avoir parlé contre les entreprises des missionnaires. Il l'est, en droit, par le texte de la loi, qui, en défendant d'outrager la morale religieuse, n'a pas défendu d'attaquer l'intolérance. Il va l'être encore en fait par l'opinion qu'a émise sur la conduite des missionnaires, un homme dont on doit également respecter le talent et le caractère, un homme qu'on ne rangera point parmi les novateurs, et dont les doctrines politiques sont loin d'être révolutionnaises ; car c'est peut-être la tête la plus noblement féodale qui soit dans le monde entier. M. de Montlozier, dans son *livre de la Monarchie française en* 1821, s'exprime en ces termes (pages 136 et suivantes) :

« Je pourrais citer en confirmation les mouvemens fâcheux qu'ont causés les missions dans quelques parties de la France. . . . .

. . . .

» Je ne veux pas mettre sûrement la justice sur la même ligne que la religion. Cependant on doit convenir qu'elle est chère aussi aux citoyens, et qu'elle a une grande part à leur vénération. J'en dirai presque autant de la médecine ; elle a sans doute comme la religion ses incrédules ; pendant long-temps elle a eu comme elle ses moqueries : toutefois elle est également un objet de respect, souvent de superstition.

» Qu'on suppose actuellement que, par un mouvement ardent d'humanité, les juges à l'effet de prévenir les différends, les médecins à l'effet de prévenir les maladies, frappent, de je ne sais quelle manière, les citoyens de terreur, pour les amener à venir, bon gré mal gré, recevoir leurs ordonnances ou leurs arrêts; ce sera certainement un singulier spectacle que celui de cette foule de médecins et de magistrats *se trémoussant de toute leur force* à l'effet de tout purger et de tout juger Dans quelques cas, il me paraît probable que la peur de sa ruine, celle de la fièvre ou de la mort subite parviendront à obtenir une soumission entière; dans d'autres, il pourra arriver que des citoyens aient de l'humeur : c'est tout simple. Quand je vois une multitude de prêtres se mettre de même en campagne, à l'effet, *bon gré mal gré, de confesser tout un pays*, je m'attends aux mêmes impressions et aux mêmes effets. On répond alors : Que faire? Il me semble que la règle est tracée. Dans la situation actuelle des choses, le médecin veut bien attendre qu'on l'appelle; le magistrat nous attend de même à son tribunal; que le prêtre veuille bien nous attendre de même, soit dans ses temples, soit au tribunal de la pénitence. Si nous voulons demeurer libres dans la disposition de nos affaires, ainsi que dans celle de notre santé, nous le voulons encore plus dans la disposition de notre conscience.

» Le gouvernement ne paraît pas partager tout-à-fait ces vues ; il paraît croire que la morale dans un État est une chose qui se fait et qui se fait par le prêtre, et que la révolution ayant tout-à-fait détruit la morale dans l'État, il faut augmenter l'action du prêtre. J'ai peur qu'il ne se trompe, et que le gouvernement et le prêtre ne se détournent ainsi de leur voie. »

Des *Missionnaires* passons aux *Capucins*.

On a mal parlé des capucins ! C'est une *impiété!* un *sacrilége inoui!* vous a dit M. l'avocat-général. Eh ! mon Dieu, si l'on avait profané le lieu saint, si l'on avait outragé le dogme même, quelles autres qualifications eût-on employées ? Que, dans l'élan d'un beau zèle, et avec le talent qui le distingue, le ministère public ait cru devoir faire l'éloge de ces ex-religieux, soit : je ne prétends pas en faire la satyre. Mais qu'est-ce aujourd'hui que des capucins? Supprimés par une loi, ont-ils été rétablis par une autre? — Non pas, que je sache. Ils auront reparu de fait, je le veux; de fait quelques individus en auront repris l'ancien costume; de fait on aura pu le trouver extraordinaire, en rire et les plaisanter; c'est fort mal sans doute; je le répète, je n'approuve point ces attaques; mais railler des hommes habillés en capucins, est-ce *outrager la morale religieuse, dans le sens de la loi du* 17 *mai* 1819? — Encore une fois non.

Mais il y a dans la chanson un couplet qui peut avoir pour effet de diminuer la *ferveur* des soldats français, et les détourner d'aller à la messe...

La ferveur des soldats français est connue....; et certes l'auteur est bien loin d'avoir voulu les détourner d'aller à l'office; il dit au contraire dans l'une de ses chansons:

> A son gré, que chacun professe
> Le culte de sa déité.

***

Qu'on puisse aller *même à la messe*,
Ainsi le veut la liberté.

Ce n'est pas Béranger qu'on accusera d'intolérance (1), il ne s'est point fait *convertisseur*; et s'il fallait le juger en cette qualité, il ne serait pas plus coupable aux yeux de la loi, que ne le paraissent les prêtres catholiques, qui, par leurs efforts, parviennent quelquefois à convertir un juif ou à ramener un protestant.

Au surplus, ce qu'il y a de très-piquant, c'est que cette chanson *des Capucins* a été chantée, pour la première fois, en présence de M. le ministre actuel de la police, qui en a ri de meilleur cœur que ne rient ordinairement les ministres, et qui n'y a rien vu que de très-innocent.

J'arrive à une dernière chanson, à laquelle M. l'avocat-général a attaché plus de gravité qu'à toutes les autres : c'est

---

(1) L'intolérance est fille des faux dieux.
(*Chanson nouvelle de Béranger.*)

celle qui a pour titre *Le Bon Dieu*, et dont le refrain dit :

Si c'est par moi qu'ils règnent de la sorte,
Je veux que le D . . . . , m'emporte.

Ici, Messieurs les jurés, on a cru devoir faire intervenir un pompeux éloge de la religion, et vanter son heureuse influence sur le sort des États.... J'avoue que si telle était la question à résoudre, je ne serais pas l'adversaire du ministère public. La religion est le besoin de tous ; les malheureux en sentent mieux encore que d'autres la nécessité ; et ceux qui n'ont plus de place prient Dieu avec autant de ferveur que ceux qui en sont pourvus. Si la religion était outragée, je dirais aussi, malheur à ceux qui l'outragent ! mais je dis en même temps, malheur à ceux qui la dénaturent ! malheur à ceux qui veulent n'en faire qu'un objet de lucre, et n'en parlent que par spéculation ; qui mettent la vengeance personnelle à la place de la charité ; et traitent avec une rigueur inexorable ce que Dieu lui-même excuserait avec bonté.

Certes, je l'avouerai, le refrain est un peu léger; mais peut-on dire qu'il ait été composé dans l'intention *d'apostropher Dieu lui-même* et de l'outrager? Cette idée, *Si c'est par moi*, etc. (en un mot le refrain de la chanson), serait déplacée partout ailleurs; j'irai même jusqu'à dire, que l'on n'aurait pas dû céder à ce que l'expression paraissait avoir d'original. Mais je crois aussi que l'auteur n'y a vu qu'une opposition piquante, un contraste singulier; et qu'il n'a jamais eu la coupable pensée d'attaquer la Divinité et de s'en jouer.

Il ne faut pas méconnaître le privilége de la poésie, ni lui contester le parti qu'elle a pu tirer d'un fait que nous trouvons consigné dans les livres saints.

Tout peut arriver quand Dieu le veut ou le permet.

Iterum assumpsit Jesum diabolus in montem excelsum valdè, et ostendit ei omnia regna mundi, et gloriam eorum, et dixit ei, hæc omnia tibi dabo si cadens adoraveris me (1).

Voilà l'Histoire sainte: qu'en a fait la poésie? Milton, ce génie sombre et sublime, a consacré les chants de son *Paradis perdu* à décrire la guerre impie de Satan contre la Divinité. Il nous rend présens aux conseils de l'ange des ténèbres ; on entend les harangues des démons; la lutte se prolonge, il balance long-temps les forces et la résistance!... A-t-on jamais pensé à taxer Milton d'impiété, parce qu'il avait mis l'esprit infernal aux prises avec la Divinité?

Le même poëte, dans son *Paradis reconquis*, nous représente *le démon emportant Jésus-Christ* tantôt sur le faîte du temple, et tantôt sur une haute montagne, d'où ils

(1) « Le diable prit Jésus une seconde fois et le transporta sur une montagne très-élevée, d'où il lui montra tous les royaumes de la terre, et la gloire qui les environne; et il lui dit : Je vous donnerai tout cela, si, tombant à mes pieds, vous consentez à m'adorer. » (Évang. selon saint Mathieu. Ch. IV. v. 8 et 9.)

découvrent tous les peuples de la terre.

Satan lui montre les Bretons, à demi-subjugués, et ne conservant plus qu'une ombre de leur antique liberté ; la Gaule désarmée ; la Germanie dans les ténèbres ; l'Italie encore fumante du sang de ses citoyens, répandu par les empereurs à la faveur des discordes civiles ; la Grèce se débattant avec ses chaînes et souffrant impatiemment le joug de la conquête ; les Parthes faisant effort du côté de l'Asie ; les Scythes, qui déjà rassemblent leurs nombreux bataillons, et menacent d'envahir les rives du Bosphore !... et dans son propre pays, les proconsuls de Rome ! Hérode, qui pour atteindre un seul enfant,... les a tous voués à la mort ; et Pilate, fonctionnaire pusillanime, qui bientôt laissera répandre le sang innocent, et qui s'en lavera les mains !...

Certes, en voyant le monde ainsi gouverné, Jésus aurait bien pu s'écrier que ce n'était point par lui ni par son père que les peuples étaient gouvernés *de la sorte*.

Le tort de Béranger est de l'avoir dit sur un ton qui n'était pas sérieux ; mais c'était dans une *chanson*... Vous l'excuserez donc; vous ne verrez pas dans l'expression dont il s'est servi, une interprétation contre laquelle il proteste, une offense qui n'a jamais été dans sa pensée.

Connaissez mieux son cœur, et vous rendrez plus de justice à ses principes. Quand on attaque un auteur sur ce qu'il a écrit, il ne faut pas prendre un passage isolé de ses œuvres; il faut chercher sa doctrine dans tout son livre. Or, voici comment s'exprime Béranger, cet homme qui veut insulter directement à Dieu ! Cet athée, apparemment ; car quel homme croyant en Dieu voudrait cependant l'outrager ?

Dans *le Dieu des bonnes gens* il célèbre l'existence de Dieu :

Il est un Dieu, devant lui je m'incline,
Pauvre et content, sans lui demander rien.....

(M. Dupin lit cette pièce en entier : la

grandeur des idées, la richesse de la poésie, et l'espèce d'enthousiasme qui soutient cette lecture, ravissent les auditeurs. Le respect seul peut empêcher les applaudissemens d'éclater.)

Dieu est miséricordieux :

Mais quelle erreur! non, Dieu, n'est point colère :
S'il créa tout, à tout il sert d'appui.

Il est juste :

Dieu qui punit le tyran et l'esclave,
Veut te voir libre et libre pour toujours.

Béranger croit à l'immortalité de l'ame :

Ah! sans regret, mon ame, partez vite,
En souriant, remontez vers les cieux.

. . . .
N'attendez plus, partez mon ame,
Doux rayon de l'astre éternel.
. . . . Passez. . . . .
Au sein d'un Dieu tout paternel.

Ce Dieu pardonne les offenses; il pardonne à la gaieté :

Dire au ciel : Je me fie
Mon père, à ta bonté,

De ma philosophie
Pardonne la gaîté;
Que ma saison dernière
Soit encore un printemps.
Eh! gai! c'est la prière
Du bon Roger Bontemps.

Enfin il est une vie éternelle :

Levez les yeux vers ce monde invisible.
Où pour toujours nous nous réunissons!

Voilà, Messieurs, *l'impie* que je défends! voilà ce *mandataire de l'incrédulité!* on trouve dans ses vers le symbole de notre croyance, tout entier. Et si dans d'autres couplets il dit, avec cette gaieté de nos pères, qui reste encore permise à leurs enfans :

Tant qu'on le pourra, larirette,
On se damnera larira,

il ne faut pas prendre cela au sérieux; c'est le propre de la chanson : elle admet,

Qu'au doux bruit des verres,
D'un dessert friand,
On chante et l'on dise
Quelque gaillardise,
Qui nous scandalise
En nous égayant.

Mais il est temps d'arriver au troisième chef d'accusation : *Le délit d'offense à la personne du roi.*

En abordant cette nouvelle question, remarquons d'abord, Messieurs, que ce qui est dit des rois en général, ne peut pas donner matière à procès. Il faut que l'écrit ait trait *à la personne* même du monarque ; que le trait qui lui est lancé soit direct ; et qu'il soit de nature à constituer une *offense.*

Une offense ! que dis-je ! dans la haute région où ils sont placés, les rois devraient-ils se tenir offensés par des chansons ? Et ne conviendrait-il pas mieux à leur auguste caractère, d'imiter ces triomphateurs romains qui, contens de monter au Capitole, souffraient, sans se plaindre, les refrains, souvent trop véridiques, des soldats qui marchaient à côté de leur char ?

Les ministres rendent-ils véritablement service au prince en faisant intenter, sous son nom, de pareils procès ?

Un roi d'Angleterre, voyant pendre quelques garnemens, demanda ce qu'ils avaient fait? — Ce qu'ils ont fait, sire, ils ont fait des vers contre vos ministres! — Les maladroits, dit le monarque, que n'en faisaient-ils contre moi, on ne leur eût rien dit.

Nos ministres paraissent agir autrement. Chansonnés qu'ils ont été, ils ont l'air de faire le sacrifice de leur propre injure; mais ils veulent venger le roi (de la même manière que les missionnaires et les capucins veulent venger Dieu). En conséquence, procès pour offense à la personne du roi!

Quel étrange système que celui de ces ministres! vouloir à chaque instant que le roi ait été insulté! on ne peut leur adresser un seul reproche, qu'aussitôt ils ne vous accusent de manquer à la Majesté Royale! La nation elle-même est obligée d'entrer en explication avec eux! et lorsque ses représentans ont élevé vers le trône une voix noble et courageuse, ces généreux organes des sentimens nationaux se voient réduits à l'étrange nécessité d'avoir à repousser de fâcheuses interprétations !

En Russie, en Angleterre, en Prusse, se plaint-on ainsi qu'à chaque instant le Souverain ait été offensé? Dans les cent jours qui ont paru si longs qu'on les a appelés le siècle des cent jours, avons-nous vu un seul procès de ce genre? Et pourtant c'était *un usurpateur qui, sur la foi de son armée, était venu se jeter au milieu d'un peuple resté fidèle !* Pendant tout ce temps, nous n'avons pas vu un seul royaliste mis en jugement pour cris séditieux, ou pour offense à la personne du maître! Et depuis que le roi, objet de nos respects, est rendu à l'amour de ses peuples, on ne voit, au civil comme au criminel, que des procès où le nom du roi est prononcé! C'est l'ouvrage imprudent des ministres. Non, ce n'est pas le roi qui veut tous ces procès. S'il en était instruit, *s'il savait* qu'on plaide aujourd'hui pour lui en réparation d'offense, il dirait, avec la même grandeur d'ame que cet empereur romain, dont on avait brisé la statue (empereur que je ne nomme pas dans la crainte de prendre encore Titus pour Néron (1)), *je ne me sens point blessé.*

Mais n'allons pas chercher des leçons ailleurs que dans notre propre histoire. Elle nous offre des exemples de tous les genres d'héroïsme : interrogeons la vie de Louis XII. — « Les courtisans déprimaient Louis XII ; s'efforçant de faire passer sa vigilance et son économie pour une petitesse d'esprit, et une avarice sordide, ils ne se donnèrent pas même la peine de cacher leurs sentimens. — Ne pouvant le faire changer par leurs plaintes, ils firent usage du ridicule, arme toujours puissante sur l'esprit de la nation. Après cette dangereuse maladie qui avait menacé les jours de Louis et qui avait causé des alarmes si vives, une tristesse si profonde à

---

(1) Allusion au plaidoyer pour M. Bavoux, dans lequel M. Dupin, improvisant sa réplique, avait attribué à Titus le *vellem nescire litteras* de Néron.

*

tous les vrais Français, des comédiens osèrent le produire sur la scène, pâle et défiguré, la tête enveloppée de serviettes, et entouré de médecins qui consultaient entre eux sur la nature de son mal. S'étant accordés à lui faire avaler de *l'or potable*, le malade se redressait sur ses pieds, et paraissait ne plus sentir d'autre infirmité, qu'une soif ardente. Informé du succès de cette farce, Louis dit froidement: *J'aime beaucoup mieux faire rire les courtisans de mon avarice, que de faire pleurer mon peuple de mes profusions.* — On l'exhortait à punir des comédiens insolens : *Non*, dit-il, LAISSONS-LES SE DIVERTIR, *pourvu qu'ils respectent l'honneur des dames* (1). »

Quand il s'agit de venger un roi, il faudrait avant tout examiner ce qui est convenable; *quid deceat*, *quid non*. Si l'on avait poursuivi les comédiens de Louis XII,

(1) Continuat. de Vély, édit. de 1771. In-4o. Tome XI, p. 534.

il y aurait eu aussi un grand procès ; et, à la place de ce que je viens de vous lire, nous trouverions dans nos archives un arrêt qui aurait condamné les plaisans à la prison, ou même à la roue, (car alors les peines étaient arbitraires.) Ce serait un acte de sévérité, mérité peut-être ; mais ce ne serait pas un acte de cette ineffable bonté qui a mérité à Louis XII le nom de *père du peuple*.

Pour nous, examinons, puisque nous y sommes réduits, ces fameux couplets où l'on prétend trouver *une offense à la personne du roi*.

Dans la chanson *du bon Dieu*, se trouve le couplet suivant :

Que font ces nains si bien parés,
Sur des trônes à clous dorés ?
Le front huilé, l'humeur altière,
Ces chefs de votre fourmilière
Disent que j'ai béni leurs droits,
Et que, par ma grâce, ils sont rois.
Si c'est par moi qu'ils règnent de la sorte,
Je veux, mes enfans, etc.

L'auteur parle ici des rois en général, ainsi rien de personnel.

Ces nains; par rapport à Dieu, rien n'est grand.

Trônes à clous dorés ! Un homme qui ne méprisait point la majesté royale, disait : «Qu'est-ce qu'un trône? *Quatre planches de sapin recouvertes de velours et garnies de clous dorés.* »

Le front huilé serait une allusion au sacre, et ne pourrait s'appliquer au roi qui n'a point encore été sacré.

Disent que j'ai béni leurs droits. — Allégation de la question politique dite *du droit divin;* question long-temps débattue, et que nous n'avons point à résoudre ici.

Par ma grâce : c'est là, dit-on, une satyre de la formule qui précède tous les actes de nos rois. — La réponse est simple. Critiquer la formule des *actes du gouvernement*, n'est point *offenser la personne du roi.* Et même autrefois, où le roi n'était pas aussi nettement qu'aujourd'hui distingué de son gouvernement, voici un couplet qui prouve qu'on pouvait, sans crime, transporter cette formule dans une parodie :

> Louis, *par la grâce de Dieu,*
> A tous les Français en tout lieu,
> Savoir faisons, par ces présentes,
> Que nous nommons lettres-patentes,
> Que notre amé, le sieur Turgot,
> Va raisonner tout comme un sot.

M. Turgot ne s'en est pas ému ; il a continué à faire des économies à la manière des économistes, ou si l'on veut, à la manière des ministres ; l'auteur n'a pas été recherché.

La seconde chanson où l'on veut voir une offense à la personne du roi est celle qui a pour titre *l'Enrhumé*. Le sixième couplet est ainsi conçu :

> Mais la Charte encor nous défend ;
> Du roi c'est l'immortel enfant ;
> Il l'aime, *on le présume*.
> . . . .
> . . . .
> Amis, c'est là,
> Oui, c'est cela,
> C'est cela qui m'enrhume.

On le présume! *doute injurieux*, porte le réquisitoire, doute fortifié par les deux lignes de points qui suivent, et qui n'ont évidemment pour but que de fixer l'attention sur ces mots *on le présume!*

Répondons : ce couplet est le sixième; il faut donc voir ce que portent les cinq premiers. Or, ils sont consacrés à signaler toutes les atteintes que les *ministres* (1), secondés par les *ventrus*, ont portées à nos libertés publiques.

Ce n'est qu'après cet exposé de notre situation, qu'il ajoute : *mais la Charte encore nous défend.* Oui, certes, elle nous défend : *du roi c'est l'immortel enfant*; elle nous défendra donc long-temps, puisqu'elle est immortelle.

Mais c'est ici que nous arrivons au doute : il l'aime; on *le présume* : pourquoi dire seulement, on *le présume?*

---

(1) L'auteur a même poussé la franchise jusqu'à désigner plusieurs d'entre eux par les initiales de leurs noms. Sur six ministres, il n'est pas difficile de deviner.

Eh ! Messieurs, n'accorderez-vous rien à la difficulté de la rime. Tous les couplets finissent par ces mots : *c'est là ce qui m'enrhume*. Si l'auteur, au lieu de dire, *il l'aime, on le présume*, eût dit : *il l'aime, j'en suis sûr ;* cela n'aurait rimé à rien.

On veut incriminer le texte par les points... Cela me rappelle le procès de M. Bavoux, où l'on incriminait les *ratures illisibles* de son manuscrit.

Tant que vous ne m'expliquerez pas pourquoi ces deux lignes de points, a dit M. l'avocat-général, jamais je ne croirai que l'intention de l'auteur ait été innocente.

Eh bien ! croyez-le tant que vous voudrez ; mais il n'en est pas moins vrai que vous croirez sans savoir : or, sans savoir, peut-on accuser?

Je veux bien essayer cependant d'expliquer ces deux lignes de points. Je vais interpréter à mon tour ; je vais faire le poëte : mes vers seront mauvais, je le pense ; mais on m'excusera si je les montre aux gens. Je suppose donc qu'après ces mots :

Il l'aime, on le présume,

l'auteur ait ainsi rempli la lacune :

Que dis-je? moi, j'en suis certain ;
Mais les *ultras* n'en croiront rien.

On lui aura ensuite fait observer que cette dénomination d'*ultras* est une qualification de parti ; il aura supprimé les deux vers, et les aura remplacés par des points... Voilà une explication! Cent autres interprétations sont possibles dans le sens de l'accusation ; mais aucune ne peut être admise, parce que toutes seraient divinatoires, et qu'on n'accuse pas par induction ni par supposition.

Enfin, Messieurs, concevez-vous qu'on ait vu une offense à la personne du roi dans le dernier couplet de la chanson intitulée : *la Cocarde blanche*.

M. Marchangy : je n'en ai pas parlé.

M. Dupin. Raison de plus, pour que j'en parle ; elle est dans l'accusation, et je veux prouver tout le tort qu'on a eu de l'y comprendre.

> Enfin, pour sa clémence extrême,
> Buvons au plus grand des Henris,
> A ce roi qui sut, par lui-même,
> Conquérir son trône et Paris.

Il y a ici offense au roi; mais c'est de la part de l'accusation qui, dans l'éloge de Henri IV, a eu l'inconvenance de voir une offense à la personne de Louis XVIII.

Le Prince de Navarre, dans la chanson qui porte ce nom, est un prince imaginaire; on lui dit : *faites-nous des sabots* plutôt que de monter sur le trône et de gouverner de travers. Cette chanson n'offre rien d'offensant, puisqu'elle n'a rien de personnel. Elle consacre un fait historique, ce fait que Mathurin Bruneau n'était qu'un sot, qui, dans sa démence, voulait se faire passer pour un descendant de la maison de Bourbon.

J'arrive au dernier chef d'accusation.

On le fonde sur une seule chanson, *le*

vieux Drapeau : « Cette chanson, dit
» l'auteur en tête du premier couplet,
» cette chanson n'exprime que le vœu
» d'un soldat qui désire voir la Charte
» constitutionnelle placée sous la sauve-
» garde du drapeau de Fleurus, de Ma-
» rengo et d'Austerlitz. Le même vœu a
» été exprimé à la tribune par plusieurs
» députés, et entre autres par M. le gé-
» néral Foy, dans une improvisation aussi
» noble qu'énergique. »

En effet, on se rappelle qu'à la séance du 7 février 1821, cet orateur guerrier, qu'animait, alors comme toujours, le patriotisme et la gloire, s'est écrié... : « Mais si
» jamais, dans sa profonde sagesse, le
» roi revenait sur sa détermination pre-
» mière; si l'auguste auteur de la Charte
» rétablissait le signe que nous avons
» porté pendant un quart de siècle, assu-
» rément, Messieurs, ce ne seraient pas
» les ombres de Philippe-Auguste et de
» Henri IV qui s'indigneraient dans leurs
» tombeaux de voir les fleurs de lys de

» Bouvines et d'Ivry sur le drapeau d'Aus-
» terlitz. »

Voilà certainement une idée grande, noblement exprimée, et qu'il appartenait à un général français d'émettre avec cette chaleur d'ame qui caractérise la véritable éloquence. C'est cette même idée que le poëte a ressaisie, et qu'il a reproduite dans les strophes consacrées au *vieux Drapeau*.

Il a voulu, comme le général Foy, proposer l'alliance du passé avec le présent. La preuve, c'est qu'il dit:

Rendons-lui *le coq des Gaulois*.

Certes, ce n'est point là l'aigle de l'empire, d'autant mieux qu'il dit un peu plus haut que,

Cet aigle est resté dans la poudre.

Mais, dit M. l'avocat-général, ce coq est celui *de la république*. La république a pu le prendre en effet : mais M. Marchangy est trop versé dans *les antiquités gauloises*, pour ignorer que, long-temps avant qu'il fût question de république, le coq figurait dans les emblèmes de la nation française. Le *coq des Gaulois* ne signifie donc pas le *coq des républicains.*

Qu'a voulu l'auteur? marier deux époques, confondre des souvenirs, unir les Francs et les Gaulois, et non pas armer la république contre la monarchie.

J'en trouve la preuve dans ce qu'il dit avec tant de verve dans une autre chanson, ayant précisément pour titre : *les Francs et les Gaulois.*

> Gai, gai, serrons nos rangs,
> Espérance
> De la France ;
> Gai, gai, *serrons nos rangs*,
> En avant, *Gaulois et Francs* !

Serrons nos rangs ne signifie pas faisons la guerre civile.—Mais il dit, en parlant de ce drapeau, *déployons-le*; donc il excite à le déployer actuellement.......—Remarquez donc aussi qu'il dit : *déployons-le sur la frontière :* ce n'est donc pas le drapeau de la guerre civile, mais celui de la guerre étrangère.

M. l'avocat-général a prétendu qu'il s'agissait des frontières d'Italie et d'Espagne, et que ce funeste drapeau était destiné à *rapporter dans ses plis la guerre, la peste et l'anarchie.* Ce serait bien le cas, j'espère, de faire intervenir ici les couplets qui ont pour titre : *Halte-là* ou *le danger des interprétations.* Cette phrase est de pure imagination. C'est une déclamation qui n'exige aucune réponse:

Mettez de côté les commentaires, Messieurs les jurés, lisez le *vieux Drapeau*, et vous reconnaîtrez sans peine que ce n'est point une provocation au crime. Sans doute, le poëte y exprime des regrets.... des désirs... mais il ne fait point un appel à la sédition ; et il faut que les ministres soient bien vindicatifs et bien irrités qu'on ait mis leurs initiales dans quelques couplets ; il faut que leur haine contre Béranger soit bien violente, pour qu'ils aient ainsi voulu transformer l'expression d'un sentiment permis en une provocation à la révolte. Aman, le farouche Aman a-t-il donc fait traduire au banc d'Assuérus le patriotique auteur du *cùm recordaremur Sion ?*

(L'avocat résume en peu de mots sa discussion et termine en ces termes :)

Après avoir réfuté successivement les divers chefs d'accusation, il ne me reste, Messieurs, qu'à ramener votre attention sur le caractère du livre et la personne de l'auteur.

Peu de gens peuvent dire avec autant d'assurance que lui : « C'est parce que *je ne*
» *crains point qu'on examine mes mœurs*,
» que je me suis permis de peindre celles
» du temps avec une exactitude qui par-
» ticipe de leur licence. »

Il aime la liberté ; il l'aime avec passion :

> Lisette seule a le droit de sourire,
> Quand il lui dit : *Je suis indépendant.*

« D'ailleurs (dit-il encore lui-même)
» en frondant quelques abus qui n'en se-
» ront pas moins éternels, en ridiculisant
» quelques personnages à qui l'on pour-
» rait souhaiter de n'être que ridicules,

» *ai-je insulté jamais à ce qui a droit au*
» *respect de tous? Le respect pour le sou-*
» *verain paraît-il me coûter?* »

Ses chansons ont déplu aux dépositaires du pouvoir.... C'est tout simple : « La » chanson est essentiellement du parti de » l'opposition » (Pref. p. 10); et ces Messieurs n'en veulent supporter aucune.

Chacun pourtant résiste à sa manière à ce qui peut dégénérer en oppression. Les uns par des livres, d'autres par des discours : celui-là par une pétition, celui-ci avec un couplet. Tel est Béranger :

Oui, je suis un pauvre sauvage
Errant dans la société,
Et pour repousser l'esclavage,
Je n'ai qu'un arc et ma gaîté.

De telles armes n'ont jamais paru séditieuses, jusqu'ici du moins !

Du reste, peut-on dire qu'il ait, dans ses couplets, fait preuve de noirceur ou de méchanceté? Non, il n'a jamais attaqué les particuliers ; il a respecté leurs personnes, leurs mœurs ; il n'a attaqué que les actes du pouvoir, quand il a cru voir que les fonctionnaires, qui en étaient revêtus, en abusaient contre la liberté publique. Un seul mot suffirait pour peindre son caractère. On lui proposait de composer une chanson contre un grand personnage alors en disgrâce : on lui indiquait la matière des couplets. — *A la bonne heure*, dit-il, *quand il sera ministre.*

Cette conduite répond assez aux calomnies dont il s'est vu l'objet : on a profité de son procès pour faire courir, sous son nom, des chansons atroces que son cœur repousse plus encore que son talent ne les désavoue.

On lui a prêté des idées de vengeance....., qui n'entrèrent jamais dans sa pensée.

Il s'est peint lui-même dans ses vers :

> Je ne sais qu'aimer ma patrie.
> . . . .
> Je n'ai flatté que l'infortune.
> . . . .
> J'aime à fronder les préjugés gothiques
> Et les cordons de toutes les couleurs ;

Mais, *étrangère aux excès politiques*,
Ma liberté n'a qu'un chapeau de fleurs.
Diogène,
Sous ton manteau,
Libre et content, je ris et bois sans gêne :
Diogène,
Sous ton manteau,
Libre et content, je roule mon tonneau.

Briserez-vous, Messieurs, ce modeste asile que sut respecter un conquérant? Troublerez-vous une existence paisible qui s'écoule tranquillement au sein de la plus douce et de la plus pure amitié? Partagerez-vous l'indignation qu'on a voulu vous inspirer contre un pauvre chansonnier? Ajouterez-vous à la rigueur anticipée d'une destitution dont rien ne justifie, du moins, la précipitation? Allez-vous sérieusement encourir, aux yeux d'un public malin, le reproche (j'ai presque dit le ridicule) d'avoir transformé *des chansons en crime d'État*.

Confondrez-vous ainsi les idées et les principes, en ne mettant aucune distinction entre le vaudeville et les autres genres de compositions littéraires ou scientifiques? — Ah! Messieurs, si l'on eût déféré une pareille cause au jugement *de nos bons aïeux*, ils auraient secoué la tête, en murmurant entre leurs dents : *chansons que tout cela,* et ils eussent ainsi fait preuve d'esprit autant que de justice.

M. Marchangy réplique dans les termes suivans :

« Le défenseur du sieur de Béranger a plus d'un genre de talent, sans doute ; mais celui qu'il affectionne davantage, c'est cette facilité de plaisanterie, cette intarissable surabondance de digressions et d'épisodes, en un mot, cette élocution anecdotique dont il a donné tant de preuves au barreau. Il n'est guère de procès politique et surtout de délit de la presse qui n'aient été égayés par lui plus qu'on ne l'en eût cru susceptible. Il était donc naturel qu'il sentît redoubler sa vocation dans une cause dont son client semble s'être promis de chansonner tous les actes : il y avait donc ici nécessité d'être plaisant, et le rire était forcé.

» Si les principes et les lois étaient des biens privés dont on pût disposer pour prix du plaisir qu'on reçoit, vous seriez désarmés, parce que vous auriez souri ; mais vous n'êtes que dépositaires et comptables des intérêts que la société vous a remis. Vous n'êtes point venus dans cette enceinte chercher une récréation, mais remplir un devoir. Dès-lors, qu'ont de commun la gaieté et le sentiment de ce devoir, qu'ont de commun l'austérité de vos fonctions et l'hilarité d'un auditoire oisif qu'attire ici un frivole instinct de curiosité?

» Le défenseur a tracé un vaste cercle autour du vrai point de la cause, et s'y est égaré sans cesse. Il a cru disculper le prévenu en citant mille ouvrages dont les auteurs n'auraient pas été punis. C'est moins une défense qu'une évasion; c'est dans sa propre cause qu'il faut chercher sa justification, et non dans la cause d'autrui.

» A l'entendre, c'est la première fois qu'on punit un chansonnier; jamais, avant la révolution, dit-il, on n'osa attaquer les privautés de la chanson. Quand il serait vrai que les licences fussent restées impunies à cette époque, il nous semble que tout ce qui s'est passé dans la révolution n'est pas tellement favorable qu'on puisse prendre pour exemple tout ce qui s'est fait avant. La chanson peut avoir sa part dans tous les écrits qui concoururent à la funeste abolition des respects consécrateurs de l'autel et du trône; car enfin la révolution n'est pas toute entière dans les journées du 14 juillet, du 10 août, du 21 janvier; elle est dans tous les principes qui l'ont préparée; et il faudrait nous croire encore plus incorrigibles que nous ne le sommes, pour nous proposer de suivre les antécédens de nos troubles civils.

» Au surplus, c'est une grande erreur de penser que jamais la chanson ne fut réprimée. On disait autrefois, de notre vieux gouvernement, que c'était une monarchie tempérée par des chansons. Depuis, l'État a trouvé des garanties d'une toute autre importance, et la chanson pourrait, sans inconvénient, abdiquer l'exercice de ses fonctions politiques; et cependant, avant la révolution même, son émancipation en ce genre n'était point illimitée : elle était punie par un mode administratif, mode arbitraire, sans doute; et malgré l'avantage qu'il avait d'épargner l'éclat scandaleux de la publicité, on devait lui substituer une procédure judiciaire et libre; c'est surtout à des jurés qu'il appartient de statuer sur les abus dont la société peut s'alarmer. La Cour d'assises a donc succédé aux lettres de cachet et à l'exil, qui plus d'une fois firent expier la témérité d'une verve satyrique et licencieuse.

» Pendant la révolution, fut-on plus indulgent pour les chansons? Il faut distinguer; on encourageait, on soldait les hymnes sanguinaires et ces chants funèbres, préludes des massacres, et ces airs sacriléges hurlés autour des échafauds; mais on punissait de mort quiconque osait chanter

O Richard ! ô mon roi ! et *Vive Henri IV !*

» On a fait l'éloge de l'indulgente patience de Buonaparte pour les chansons qui contenaient de critiques allusions à sa puissance; il est vrai que jamais il ne déféra un chansonnier aux tribunaux, car il avait adopté contre ceux qui essayaient sur lui l'épigramme, un genre de punition tout nouveau : il supposait qu'ils avaient perdu l'esprit, et il les faisait jeter, sans forme de procès, dans les loges de Charenton ou les cabanons de Bicêtre.

» Mais le défenseur veut qu'on loue le sieur Béranger d'avoir lui-même risqué de dures vérités contre ce chef despotique. Qu'a-t-il donc osé lui dire? Lui a-t-il dit qu'il fallait substituer à ces aigles dévorantes l'antique drapeau des lys? A-t-il dit que l'Église, dont ce conquérant eut au moins le mérite d'avoir r'ouvert les portes, n'était que *l'asile des cuistres?* A-t-il dit que c'était à tort que Napoléon faisait précéder ses actes de la formule de *par la grâce de Dieu et la constitution de la république?* Non, Messieurs, l'indépendance du sieur Béranger n'a pas été jusque là, sous le gouvernement d'alors; mais il a composé la chanson du *Roi d'Yvetot*, où le microscope de la police impériale ne put trouver matière à réprimande.

» Au surplus, toutes ces digressions où nous entraîne sans cesse la plaidoirie évasive du défenseur, sont étrangères à la question, qu'il a cachée sous un amas de faits parasites et superflus ; cette question est dans les trois points que nous avons recommandés à votre attention.

» Le premier était relatif aux atteintes à la morale publique et religieuse. On prétend que nous avons voulu venger les prêtres, les missionnaires et le concordat. Il serait sans doute préférable qu'ils fussent respectés, puisqu'ils tiennent à la religion ; mais nous n'avons pas le droit d'être si exigeans. Puisque la loi parle de la morale religieuse, distinguons donc ce qui n'est qu'accessoire à la religion d'avec ce qui forme son essence ; distinguons ses rits, ses solennités et ses ministres de ses dogmes éternels et de ses préceptes invariables. La morale religieuse est celle qui est en harmonie avec l'idée d'un Dieu rémunérateur et juge suprême, avec des craintes et des espérances d'un ordre surnaturel, c'est-à-dire, avec le dogme sacré des récompenses et des peines. Le défenseur lui-même adopte cette définition ; il pense que la morale religieuse a pour fondement la croyance d'un être éternel, appréciateur de nos actions. Eh bien ! quelle idée a-t-il donnée de cet être incommensurable et sublime? Eh quoi! les payens eux-mêmes savaient revêtir leurs faux dieux des plus magnifiques attributs; Platon appelle Jupiter le plus grand architecte du monde ; Homère dit que ce dieu ébranlait l'univers du seul mouvement de ses sourcils ; et c'est parmi nous que le Dieu des chrétiens, qui d'une parole créa la lumière, qui mesura la mer dans sa main, pesa les montagnes, et de son souffle vivifiant fit éclore tout ce qui pare la nature; c'est parmi nous que ce Dieu est représenté comme un être machinal et stupide qui *met le nez à sa fenêtre en s'éveillant*, et déclare qu'il est étranger à tout ce qui se passe ici-bas, que chacun peut y vivre à son gré sans redouter ses jugemens!

» On vous a dit, sur le chef des offenses commises envers la personne du Roi, qu'il devait les pardonner. Eh! que n'a-t-il pas pardonné en effet! Mais est-ce donc à nous à faire les honneurs de son inépuisable clémence? Est-ce à nous, chargés de faire exécuter une loi qui punit les offenses dont il s'agit, d'usurper le droit de grâce, qui est le plus bel apanage de la royauté?

» On prétend que l'auteur a voulu seulement attaquer les ministres et non le roi; mais nous ne pensons pas qu'on puisse appliquer aux ministres les vers où le sieur Béranger parle de *ces nains si bien parés, sur des trônes à clous dorés, qui, le front huilé, l'humeur altière, disent que Dieu a béni leurs droits, et qu'ils sont rois par sa grâce; ce qui n'est pas vrai.*

» Sur le dernier chef de prévention, on vous dit que la chanson du *Vieux Drapeau* n'est que la traduction d'une phrase prononcée à la tribune de la chambre des députés. Il y a une sorte de lâcheté et de mauvaise foi à se cacher ainsi derrière l'inviolabilité des députés : d'ailleurs, un vœu émis à l'une des deux chambres, n'est qu'une proposition qui sous-entend une discussion préliminaire et l'action des trois pouvoirs. Mais le sieur Béranger, de son propre mouvement, provoque dès-à-présent l'exhibition du drapeau tricolore. Qu'il fasse l'éloge de la gloire militaire dont ce drapeau a été le témoin, nous dirons avec lui que cette gloire est un patrimoine commun, et que nous en avons besoin pour nous sauver de la honte de nos égaremens politiques; le délit n'est donc pas dans cet éloge, mais dans la provocation au port d'un signe de ralliement prohibé; car ce signe de ralliement n'a pour objet que d'opérer une scission militaire, et d'opposer l'étendard de la sédition à l'étendard légitime. »

Après avoir réfuté rapidement tous les moyens du défenseur, M. Marchangy termine par ces mots (1) :

« Si l'on réduisait à sa juste valeur tout ce qui peut se dire en faveur des chansons du sieur Béranger, on ne trouverait, en définitive, que cet étrange argument pour toute défense : Ces poésies sont, il est vrai, obscènes, impies, séditieuses; mais ce sont des chansons : elles peuvent ravir à la jeune fille sa pudeur, à l'épouse sa chasteté con-

(1) Cette partie (la réfutation) ayant été improvisée, n'a pas été recueillie par le sténographe ; et comme elle n'a pas été reproduite par les journaux, nous ne pouvons la publier ici.

jugale, au chrétien sa foi, au soldat sa fidélité, au pauvre ses consolations, mais ce sont des chansons; elles prodiguent le sarcasme et la dérision, non-seulement aux ministres de l'Eglise, mais encore à tous ceux qui s'y rassemblent pour prier; elles essaient de glacer par le ridicule des pratiques religieuses, déjà ralenties par le scepticisme et l'indifférence, mais ce sont des chansons; elles jettent dans les cœurs ces folles semences qui ne peuvent produire que l'amertume; elles attisent une sorte de défiance et de haîne entre toutes les classes de la société, mais ce sont des chansons; elles excitent à déployer, comme signe de ralliement et de révolte, ce drapeau qu'il ne faudrait déployer que pour faire sécher le sang et les larmes dont il est abreuvé, mais ce sont des chansons.

» Ce langage, Messieurs, serait imprudent et irréfléchi dans la bouche des gens du monde, mais il serait une lâche apostasie dans la nôtre, puisque nous devons faire exécuter les lois, et il serait un parjure dans la vôtre, puisque vous avez juré de prononcer en votre ame et conscience sur les faits qui vous seront soumis. »

M. Dupin réplique en ces termes:

Messieurs, j'aurais bien mal connu l'esprit de mon ministère, si je n'avais appuyé la défense de mon client que sur des futilités et des plaisanteries. Personne ne sent plus vivement que moi tout ce qu'a de grave la position d'un accusé ; personne n'est moins disposé à traiter légèrement une semblable situation.

Mais a-t-on été fondé à m'adresser un tel reproche ? Était-ce donc des plaisanteries que ces considérations générales sur la distinction des diverses compositions littéraires, et l'esprit suivant lequel il fallait juger chacune d'elles ? Était-ce un jeu que la question de prescription ? Traitera-t-on de futilité ces immortelles définitions de la morale publique et religieuse ? Et cette interprétation donnée du vrai sens de la loi de 1819, est-ce parce qu'elle était futile, que M. l'avocat-général n'y a pas répondu ? Est-ce par le même motif qu'il n'a pas même essayé de réfuter l'argument, imprévu sans doute, que j'ai tiré du nouveau projet de loi ? Enfin, manquait-elle de la gravité convenable cette discussion préliminaire sur le troisième chef d'accusation, pour faire reporter l'inconvenance des procès, aussi fréquens que peu réfléchis, qu'on intente depuis quelque temps au nom du roi?

Sans doute, et lorsqu'il m'a fallu descendre de la hautenr des principes aux applications, j'ai pu faire usage de la plaisanterie; l'accusation elle-même m'y conviait. Le sérieux de ma part eût été une acceptation de tous les reproches adressés à mon client.

J'avais à commenter des couplets de chanson. L'accusation avait pris à tâche de tout incriminer, de tout rembrunir: j'ai dû au contraire rendre à ces couplets leur véritable caractère; et pour cela il ne fallait pas que le commentaire fût plus lourd que le texte.

Je n'ai, dit-on, justifié mon client des impuretés qui lui étaient reprochées, que par l'exemple d'auteurs dont la licence aurait été égale à la sienne. Et à cette occasion, lieu commun sur le débordement des mœurs dans les temps qui précédèrent la révolution, etc., etc.

Je ne nie pas ce débordement ; je pourrais même prendre acte de l'aveu qui en est fait, pour en conclure, contre d'autres assertions, que nos mœurs se sont améliorées depuis la révolution. Mais je ferai seulement remarquer que je n'ai pas allégué ces exemples pour en inférer que, d'autres ayant mal fait, Béranger avait pu mal faire aussi : je les ai seulement cités pour prouver qu'il n'avait pas excédé les bornes du genre ; et je me suis fait une autorité de ces exemples, précisément parce qu'ils étaient empruntés à des personnages dont le rang et le caractère semblaient offrir la plus haute garantie. Je n'ai cité Collé que par occasion, et seulement pour faire remarquer que l'impunité de son livre tenait à la qualité de l'éditeur (qui a l'honneur d'être censeur).

On a contesté à Béranger le mérite d'avoir montré du courage, en faisant son Roi d'Yvetot. Cette chanson, a-t-on dit, ne s'appliquait point à Napoléon. — C'est nier un fait constant. C'est la science de tout

Paris que cette chanson fut faite contre lui, à une époque dont tant de gens semblent avoir perdu la mémoire, où tout rampait, tout flattait, tout servait..... plusieurs même adoraient!...

Revenant sur le chef d'outrage à la morale publique et religieuse, on a reproché à Béranger de n'avoir pas parlé de Dieu, comme en ont parlé Platon et tant d'autres...

Il ne s'agit pas de savoir si Béranger a parlé aussi bien que Platon ; il s'agit de savoir s'il a outragé la Divinité: or j'ai prouvé que non, et démontré que Béranger, en respectant la morale religieuse, n'avait attaqué que les travers et les ridicules de certains ministres. En effet, attaquer les abus, c'est respecter la chose. L'Écriture Sainte le dit positivement (1); et si vous li-

---

(1) Saint Paul veut qu'on reprenne publiquement les mauvais prêtres afin de purifier le sanctuaire, et de retenir, par la crainte d'une honte publique, ceux qui seraient tentés

sez saint Jérôme, vous y trouverez des mercuriales bien plus fortes que les traits qu'a pu lancer Béranger (1). Du reste, je vous ai fait connaître ses principes religieux ; il ne vous est plus permis de révoquer en doute son respect pour la Divinité ; mais vous savez aussi quel est son Dieu, ce n'est pas celui de la vengeance, *c'est le Dieu des bonnes gens.*

On a voulu écarter des ministres chansonnés par Béranger, et de quelques autres individus qui se trouvent dans le même cas, le reproche d'avoir agi avec passion et par ressentiment. Sont-ce les ministres, a-t-on dit, qu'on a voulu chansonner dans le couplet *Que font ces nains?* Sont-ce les

---

de manquer à leurs devoirs. *Peccantes (presbyteros) coràm omnibus argue, ut et cæteri timorem habeant.* (Épist. à Thimothée, 5. 19)

(1) On peut voir un passage très-curieux de saint Jérôme, cité dans le plaidoyer de Me Dupin jeune, prononcé le 24 janvier 1820, dans le premier procès suscité au nom des missionnaires contre le *Constitutionnel*, qui, comme on s'en rappelle bien, fut renvoyé absous de l'accusation.

ministres, ou d'autres, qu'on a voulu offenser par les deux lignes de points qui se font remarquer dans les couplets de *l'Enrhumé?*

Ah! sans doute, ceux que Béranger a offensés n'ont pas eu la maladresse d'agir à découvert! Ils n'avaient garde de venir vous dire ingénuement, c'est nous qu'on a voulu célébrer dans ce couplet... Cette lettre que vous voyez, cette majuscule, cette initiale, eh bien! c'est la première lettre de mon nom! Vengez-moi. Mais les uns se sont appuyés du nom de Dieu, et les autres de la personne du Roi, afin de ne paraître défendre que la cause des bonnes mœurs, de la religion et de la légitimité. Voilà le langage détourné de l'homme qui dissimule son ressentiment pour mieux venger son injure : il n'ose s'en plaindre, mais elle vit au dedans de lui-même, *vivit sub pectore vulnus.*

L'exemple de Louis XII était embarrassant. M. l'avocat-général a dit que de pareils écrits n'étaient pas rares dans notre histoire, et il a ajouté que si le roi pouvait pardonner, le devoir des magistrats n'en était pas moins de poursuivre.

J'en conviens, en matière ordinaire, lorsqu'il s'agit, par exemple, d'un vol, d'un meurtre. Mais en matière *d'offenses personnelles*, je dis que la personne devrait toujours être consultée, pour savoir si l'on fera un procès en son nom. Cela est vrai, des particuliers, des Corps ; il ne suffit pas qu'ils aient été offensés, il faut encore qu'il leur convienne de s'en plaindre. On ne peut agir d'office pour leur procurer une satisfaction qu'ils ne demandent pas. Il en devrait être de même à plus forte raison des rois. Du temps de Louis XII aussi, il y avait des magistrats qui savaient accuser au besoin, et pourtant ils ne se croyaient pas dispensés de consulter le roi lorsqu'il s'agissait de sa personne. On pressait Louis XII de faire punir.... Il ne le voulut pas. De tels traits, dit-on, ne sont pas rares. J'ajoute qu'il n'y a pas d'inconvénient à les multiplier, et certes, il eût mieux valu ajouter à l'histoire une page comme celle de Louis XII, que d'y ajouter une page de ridicule, parce qu'il paraîtra inconcevable qu'à l'époque où nous nous trouvons on ait rassemblé douze jurés, occupé toute une Cour, enlevé des magistrats et des citoyens à de graves ou d'utiles occupations, pour prononcer sur des couplets de chansons?

Vainement, direz-vous, mais l'une d'elles excitait à la révolte!..... J'ai déjà prouvé que non.

Qu'est-ce que provoquer au crime? C'est exhorter ouvertement à le commettre, c'est dire, *prenez*, *partez*, *marchez*.

M. l'avocat général: il dit, *déployons-le*.

Me Dupin (avec feu): Ajoutez donc *sur la frontière*. Eh quoi! lorsqu'un sens généreux s'offre à la pensée; quand les termes ne présentent aucune équivoque; quand la défense est appuyée sur l'explication donnée par l'auteur lui-même; n'est-il pas inouï qu'on s'attache obstinément à un sens détourné, et que l'on se consume en efforts pour rendre criminel ce qui est innocent? Ne serait-il pas temps enfin de renoncer à ce système funeste d'interprétation, de conjecture et d'insinuations perfides, incessamment démenties par ceux dont on veut à toute force traduire la pensée ?

C'est avec la même exagération, Messieurs, qu'on a terminé par vous offrir une longue énumération des malheurs qu'on veut attacher à la publication des chansons de Béranger. *Elles peuvent ravir, vous a-t-on dit, à la jeune fille sa pudeur, à l'épouse sa chasteté conjugale, au chrétien sa foi, au soldat sa fidélité, au pauvre ses consolations.*

Non, Messieurs, elles n'enlèveront rien à personne; elles ne produiront pas ces sinistres effets; elles n'inspireront que la gaieté; et ceux à qui elles déplaisent, auront seulement à se reprocher d'avoir accru la vogue de ces chansons, et de l'avoir rendue plus durable par une accusation aussi étrange qu'irréfléchie. »

M. Larrieux, président, résume les moyens d'accusation et de défense, avec une fidélité et une impartialité remarquées par tous les esprits. Il termine son résumé par la lecture des questions suivantes :

1re QUESTION.

Pierre-Jean de Béranger est-il coupable d'avoir commis le délit d'outrage aux bonnes mœurs, en composant, faisant imprimer, publiant, vendant et distribuant un ouvrage en deux volumes ayant pour titre *Chansons*; notamment les chansons ayant pour titre, *la Bacchante*, tome Ier, page 22; *ma Grand-Mère*, tome Ier, p. 38; *Margot*, tome Ier, p. 234 ?

2e QUESTION.

Pierre-Jean de Béranger est-il coupable d'avoir commis le délit d'outrage à la morale publique et religieuse, en composant, faisant imprimer, publiant, vendant et distribuant un ouvrage en deux volumes ayant pour titre *Chansons*, et renfermant notamment les chansons suivantes : 1° *Deo gratias d'un épicurien*, tome Ier, p. 53 ; 2° *la Descente aux Enfers*, tome Ier, p. 78 ; *mon Curé*, tome Ier, p. 78 ; 4° *les Capucins*, tome II, p. 67 ; 5° *les Chantres de paroisse*, ou *le Concordat de* 1817, tome II, p. 113 ; 6° *les Missionnaires*, tome II, p. 144 ; 7° *le Bon Dieu*, tome II, p. 207 ; 8° le troisième couplet de la chanson intitulée *la Mort du roi Christophe*, tome II, p. 222 ?

3e QUESTION.

Pierre-Jean de Béranger est-il coupable d'avoir commis le délit d'offense envers la personne du Roi, en composant, faisant imprimer, publiant, vendant et distribuant un ouvrage en deux volumes, ayant pour titre *Chansons* ; ledit ouvrage renfermant notamment, 1° le septième couplet de la chanson intitulée *le Prince de Navarre*, ou *Mathurin Bruneau*, tome II, p. 125 ; 2° le quatrième couplet de la chanson intitulée *le Bon Dieu*, tome II, p. 208 ;

3° le sixième couplet de la chanson intitulée *l'Enrhumé*, tome II, p. 198 ; 4° le dernier couplet de la chanson ayant pour titre *la Cocarde blanche*, tome II, p. 48 ?

4e QUESTION.

Pierre-Jean de Béranger est-il coupable d'avoir provoqué au port public d'un signe extérieur de ralliement non autorisé par le Roi, en composant, faisant imprimer, publiant, vendant et distribuant un ouvrage en deux volumes ayant pour titre *Chansons*, et renfermant notamment la chanson intitulée *le Vieux Drapeau*, tome II, p. 210?

Le jury se retire dans la chambre des délibérations. Il est quatre heures et un quart; à cinq heures, la sonnette du jury annonce que leur délibération est formée. Les jurés sont introduits dans la salle. La Cour reprend séance.

Le Président : MM. les jurés, quel est le résultat de votre délibération?

Le chef du jury, la main étendue sur la

poitrine : Sur mon honneur et ma conscience, devant Dieu et devant les hommes, la déclaration du jury est :

Sur la 1re question, non, le prévenu n'est pas coupable ;

Sur la 2e question, oui, le prévenu est coupable à la majorité de sept contre cinq ;

Sur la 3e question, non ;

Sur la 4e question, oui, à la majorité de sept contre cinq.

La Cour se retire pour en délibérer, et dix minutes après, le président prononce l'arrêt suivant :

« La Cour, après en avoir délibéré aux termes de l'article 351 du Code d'instruction criminelle et de la loi du 24 mai 1821, déclare se réunir à l'unanimité à la majorité du jury sur les deuxième et quatrième questions. »

Le greffier donne une nouvelle lecture de la déclaration du jury et de l'arrêt de la Cour.

M. l'avocat-général requiert l'application de la loi.

Le Président : Le prévenu ou ses défenseurs ont-ils quelques observations à faire sur l'application de la peine?

M. Dupin : M. le président, je ferai seulement observer que ce ne sont que des chansons, et que rien ne peut faire que ce n'en soit pas.

La Cour se retire de nouveau à la chambre du conseil; et après quelques minutes de délibération, la Cour étant rentrée à l'audience, M. le président lit l'arrêt suivant :

« Considérant que le fait de provocation au port public d'un signe extérieur de ralliement non autorisé par la Loi ou par des réglemens de police, déclaré constant par la quatrième question, n'est qualifié ni crime ni délit par la loi; vu l'article 364 du Code d'instruction criminelle, déclare le sieur de Béranger absous du dernier chef de prévention contenu et déclaré constant en la quatrième question.

Sur la deuxième question résolue affirmativement, vu les articles 1er et 8 de la loi du 17 mai, et l'article 26 de la loi du 26 mai, desquels articles il a été donné lecture par le président, condamne de Béranger en trois mois de prison, 500 fr. d'amende, en l'affiche et l'impression de l'arrêt au nombre de mille exemplaires à ses frais, déclare la saisie de l'ouvrage, en ordonne la suppression, et la destruction des exemplaires saisis et de ceux qui pourraient l'être ultérieurement. »

PIÈCES JUSTIFICATIVES.

RÉQUISITOIRES.

Le procureur du roi près le tribunal de première instance du département de la Seine, séant à Paris :

Vu l'ouvrage en deux volumes intitulé, *Chansons, par M. J.-P. de Béranger* ;

Attendu que, dans plusieurs passages, on y remarque *le plus mauvais esprit*; que les images que représente la chanson intitulée *la Bacchante*, tome premier, page 22, peuvent être considérées comme un outrage aux bonnes mœurs ; que la sainteté de la religion n'y est pas plus respectée ; que, plus d'une fois, la morale religieuse y est outragée, notamment dans le troisième couplet de la chanson intitulée *la Mort du roi Christophe*, et dans le septième de la chanson intitulée *le Prince de Navarre*, tome II, pages 221 et 127 ; que l'auteur de l'ouvrage dont il s'agit s'est encore rendu coupable d'offenses envers la personne du roi, notamment dans le dernier couplet de la chanson qui a pour titre *la Cocarde blanche*, et dans le sixième couplet de la chanson qui a pour titre *l'Enrhumé*, tome II, pages 48 et 198 ; que, dans le couplet que nous venons d'indiquer en dernier lieu, on lit ce qui suit :

« Mais la charte encor nous défend :
» Du roi c'est l'immortel enfant ;
» Il l'aime, on le présume. »

a

que ce dernier vers, si injurieux par lui-même pour la personne du roi, le devient encore davantage lorsqu'on remarque qu'avec une *affectation qui décèle entièrement la coupable pensée de l'auteur, il ne met que des points* pour remplir les deux vers qui suivent, dans l'intention évidente et marquée *d'arrêter l'attention du lecteur sur ce vers :*

« Il l'aime, on le présume. »

Qu'enfin, la chanson intitulée *le Vieux Drapeau*, a eu pour objet *d'agir sur l'esprit des soldats ;* qu'elle est d'autant plus coupable, que sa première publication *a coïncidé avec les derniers troubles ;* qu'à cette époque on a cherché à la répandre, particulièrement parmi les troupes, et qu'il ne fut pas alors exercé de poursuites judiciaires, parce qu'aucun indice ne faisait connaître ni l'auteur, ni l'imprimeur ;

Qu'elle a tout le caractère d'une provocation au port public d'un signe extérieur de ralliement non autorisé par le roi ;

Provocation qui, toutefois, n'aurait été suivie d'aucun effet ; caractère de provocation qui se retrouve particulièrement dans le quatrième et le cinquième couplets, tome II, pages 211 et 212 ;

Attendu, en résumé, que le sieur de Béranger se trouve ainsi suffisamment inculpé,

1°. D'outrage aux bonnes mœurs ;

2°. D'outrage à la morale religieuse ;

3°. D'offenses envers la personne du roi ;

4°. De provocation, non suivie d'effets, à porter publiquement un signe extérieur de ralliement non autorisé par le roi ;

Délits prévus et punis par les articles 8, 9, 3 et 5, § III de la loi du 17 mai 1819;

Requiert qu'il soit informé en la forme ordinaire contre l'auteur de l'ouvrage dont il s'agit, et qu'il soit notamment procédé à la saisie, en exécution de l'article 7 de la loi du 28 mai 1819.

Fait au parquet, le 20 octobre 1821.

Signé DEHÉRAIN.

Le procureur du roi, près le tribunal de première instance du département de la Seine, séant à Paris :

Vu les pièces du procès instruit contre,

1°. Pierre-Jean de Béranger,
2°. Firmin Didot,
3°. Alexandre Corréard,
4°. Pierre-François Ladvocat,
5°. Pierre Mongie aîné,
6°. Marie-Françoise Goullet;

En ce qui touche Firmin Didot,

Attendu qu'il n'a imprimé les chansons du sieur de Béranger que pour le compte de ce dernier, qu'il n'est pas établi qu'il ait eu connaissance suffisante du contenu du manuscrit, qu'il est d'ailleurs étranger à la distribution et à la vente.

En ce qui touche Corréard, Ladvocat, Mongie aîné, la femme Goullet,

Attendu qu'il n'est pas suffisamment établi qu'en vendant l'ouvrage du sieur de Béranger, ils avaient agi avec connaissance.

En ce qui touche Pierre-Jean de Béranger,

Attendu qu'il existe contre lui charges suffisantes ;

1°. D'avoir commis le délit d'offense envers la personne du roi ;

2°. D'avoir commis le délit d'outrage envers la morale publique et religieuse et les bonnes mœurs ;

3°. D'avoir provoqué et excité à la guerre civile, provocation non suivie d'effets ;

4°. D'avoir provoqué au port public d'un signe extérieur de ralliement non autorisé par le roi, provocation non suivie d'effets.

Et ce en composant et faisant imprimer et publiant un ouvrage en deux volumes, ayant pour titre : *Chansons par J.-P. de Béranger.* — A Paris, chez les marchands de nouveautés, 1821 ; et notamment dans les passages suivans :

TOME PREMIER. Chansons intitulées :

La Bacchante, page 22 et suivantes ;
Le Sénateur, page 27 ;
Ma Grand'Mère, page 40 ;
Deo Gratias d'un Épicurien, page 53 ;
La Descente aux Enfers, page 78 ;
Mon Curé, page 170 ;
Margot, page 234.

TOME SECOND. Chansons intitulées :

Le Soir des Noces, page 61 ;
Les Capucins, page 67 ;
Les Chantres de paroisse, page 113 ;
Le Prince de Navarre, septième couplet, page 127 ;

Les Missionnaires, page 144 ;
L'Enrhumé, sixième couplet, page 198 ;
Le Bon Dieu, page 207 ;
Le Vieux Drapeau, page 210.

Délits prévus par les articles 1, 2, 3 et 5, paragraphes 3, 8 et 9 de la loi du 17 mai 1819, et 91 du Code pénal.

Attendu, quant à l'exception de prescription relative à quelques chansons réimprimées,

Que cette exception est opposée, qu'il y a lieu dès à présent d'y statuer,

Attendu que la réimpression d'un écrit est une publication, que l'art. 29 de la loi du 26 mai 1819 fait courir la prescription à compter du fait de publication qui donnera lieu à la poursuite.

Requérons qu'il plaise à la chambre du conseil déclarer qu'il n'y a lieu à suivre contre Didot, Corréard, Ladvocat, Mongie aîné, et la femme Goullet ;

Déclarer bonne et valable la saisie faite de l'ouvrage du sieur de Béranger, et non prescrite l'action publique contre celles de ces chansons qui sont réimprimées ; et envoyer sans délai ledit sieur de Béranger devant la cour royale, en état de mandat de dépôt.

Fait au parquet, le 5 novembre 1821.

Signé VINCENT.

RÉQUISITOIRE.

Le procureur du roi près le tribunal de première instance du département de la Seine,

Vu le nouvel interrogatoire subi par le sieur de Béranger le 7 novembre présent mois,

Déclare persister dans le précédent réquisitoire.

Fait au parquet le 7 novembre 1821.

Signé VINCENT.

NOUS, avocat général près la Cour royale de Paris, vu les pièces de la procédure, vu un recueil en deux volumes ayant pour titre : *Chansons, par M. J.-P. de Béranger.* — A Paris, chez les marchands de nouveautés ;

Attendu qu'il y a charges suffisantes dans cet ouvrage, et notamment dans les passages suivans :

TOME PREMIER. Chansons intitulées :

La Bacchante, page 22 ;
La Grand'Mère, page 40 ;
Deo Gratias d'un Epicurien, page 53 ;
La Descente aux Enfers, dernier couplet page 78.
Margot, page 234 ;

TOME SECOND. Chansons intitulées :

Les Capucins, page 67 ;
Les Chantres de paroisse, page 113 ;
Le Prince de Navarre, septième couplet, page 127 ;
Les Missionnaires, page 144 ;
Les Mirmidons, page 177 ;
Le Bon Dieu, page 207 ;
Le Vieux Drapeau, page 210.

L'auteur s'est rendu coupable d'outrages envers la morale publique et religieuse et les bonnes mœurs, d'offense envers les *membres de la famille royale*, et enfin de provocation au port d'un signe extérieur de ralliement non autorisé par le roi;

Délits prévus par les articles 5, 8 et 10 de la loi du 17 mai 1819;

Nous requérons la mise en accusation du sieur Pierre-Jean de Béranger, et son renvoi devant la Cour d'assises du département de la Seine, pour y être jugé.

Ce 20 novembre 1821.

Signé De Marchangy.

Extrait de l'ordonnance de la Chambre du Conseil, du 8 novembre 1821.

. . . . . . Considérant qu'aux termes de l'art. 29 de la loi du 26 mai 1819, l'action publique contre les crimes et délits commis par la voie de la presse se prescrit par six mois résolus à compter du fait de publication qui donne lieu à la poursuite, lorsque cette publication a été précédée du dépôt et de la déclaration que l'éditeur entendait publier;

Considérant qu'en se servant de ces mots: ***Du fait de publication qui donnera lieu à la poursuite***, le législateur n'a entendu par-là que caractériser le fait qui doit donner lieu à la poursuite, qui doit être un fait de publication, et non pas distinguer entre les publications successives d'un même ouvrage, et excepter du bénéfice de la prescription les réimpressions qui pourraient avoir lieu après le délai de six mois à compter de la publication légale de l'ouvrage ; qu'en effet le fait de la publication est irrévocable comme les conséquences qui en dérivent ; que le résultat d'un système contraire serait de laisser la propriété littéraire et le sort des auteurs sans stabilité et sans garantie, ce qui serait également contraire aux vœux de l'article 6 et à l'ensemble des dispositions de la loi du 26 mai 1819, qui tendent à faire statuer sur l'une et sur l'autre dans le plus bref délai ;

Considérant que les chansons ayant pour titre : *Le Sénateur*, *La Bacchante*, *Ma Grand'Mère*, *Deo Gratias*, *la Descente aux Enfers*, *Mon Curé et Margot*, sont comprises dans le recueil de Béranger, imprimé en 1815, et dont cinq exemplaires ont été déposés au ministère de la police générale, suivant le récépissé qui en a été délivré par le sieur Pagès, qui est joint aux pièces ; qu'ainsi l'action publique contre lesdites chansons est prescrite ;

Déclarons n'y avoir lieu à suivre en ce qui concerne lesdites chansons.

Considérant que les mêmes principes s'appliquent à la chanson des *Missionnaires* inscrite dans le 63e. numéro de *la Minerve;* que, du moment où la loi attache au seul fait de publication légale l'effet de faire courir par le laps de six mois la prescription contre les délits de la presse, l'insertion de cette chanson dans un recueil publié depuis plus de six mois, sous la garantie d'un éditeur responsable, et des formalités prescrites par le titre 2 de la loi du 21 octobre 1814, a éteint et prescrit l'action publique ;

Déclarons n'y avoir lieu à suivre en ce qui concerne ladite chanson.

ARRÊT DE RENVOI.

La Cour, réunie en la chambre du conseil, M. de Marchangy, avocat général, est entré, et a fait le rapport du procès instruit contre Pierre-Jean de Béranger.

Le greffier a donné lecture des pièces du procès qui ont été laissées sur le bureau.

Le substitut a déposé sur le bureau son réquisitoire, écrit, signé de lui, daté et terminé par les conclusions suivantes :

Nous requérons la mise en accusation de Pierre-Jean de Béranger, et son renvoi devant la Cour d'assises du département de la Seine, pour y être jugé.

Le substitut s'est retiré ainsi que le greffier.

Des pièces et de l'instruction résultent les faits suivans :

Le 27 octobre 1821, le procureur du roi près le tribunal de première instance du département de la Seine a porté plainte contre Pierre-Jean de Béranger, auteur d'un ouvrage en deux volumes, intitulé *Chansons*, et en a requis la saisie, en *articulant*, et en *qualifiant* les outrages aux bonnes mœurs et à la morale religieuse, les offenses envers la personne du roi, et les *provocations* que cet écrit lui a paru plus spécialement renfermer ; il a incriminé notamment les chansons ayant pour titre : la *Bacchante* et le *Vieux Drapeau*, le troisième couplet d'une chanson intitulée la *Mort du roi Christophe*, le septième de celle intitulée le *Prince de Navarre*, le dernier couplet de la chanson intitulée la *Cocarde Blanche*, et le sixième couplet ayant pour titre l'*Enrhumé*.

En vertu d'une commission rogatoire, délivrée le même jour, 27 octobre, par le juge d'instruction, l'ouvrage a été saisi le 29, au nombre de trois exemplaires, chez la dame Goullet, libraire, et d'un seul chez le libraire Mongie aîné.

Le trente du même mois, l'ordre et le procès-verbal de saisie ont été notifiés aux deux parties saisies. Une instruction a eu lieu au tribunal du département de la Seine. Elle a établi :

Que l'ouvrage avait été composé par Pierre-Jean de Béranger ; qu'après la déclaration exigée par la loi, il avait imprimé au nombre de dix mille exemplaires, sur un manuscrit de l'auteur et pour son compte, dans les presses de Firmin Didot, et qu'ensuite du dépot du nombre d'exemplaires prescrit, il avait été mis dans la circulation par les soins de l'auteur, qui en a vendu ou distribué tous les exemplaires.

Firmin Didot, imprimeur, et les libraires Ladvocat, Corréard, Mongie aîné, et femme Goullet ont été interrogés ; tous ont prétendu n'avoir point pris connaissance du contenu de l'ouvrage, et ont invoqué en leur faveur les dispositions de l'article 24 de la loi du 17 mai 1819.

De Béranger s'est reconnu l'auteur de cet ouvrage. C'est par son ordre qu'il a été imprimé, c'est au fils Didot qu'il en a remis le manuscrit, c'est lui qui a fait enlever de chez Didot les *dix mille* exemplaires imprimés, qui en a vendu la majeure partie aux libraires, et a distribué le reste aux souscripteurs. Après avoir invoqué relativement à la chanson intitulée la *Bacchante*, insérée dans un précédent recueil, imprimé en 1815, la prescription établie par l'article 29 de la loi du 26 mai 1819, il a répondu aux inculpations dirigées contre d'autres passages de son ouvrage.

Par un second réquisitoire, en date du 5 novembre 1821, le ministère public a signalé plusieurs autres chansons de ce recueil, et notamment tome premier, le *Sénateur*, ma *Grand'Mère*, *Deo Gratias d'un Épicurien, la Descente aux Enfers*, *Mon Curé*, *Margot*; tome deuxième, le *Soir des Noces*, les *Capucins*, les *Chantres de Paroisse*, les *Missionnaires* et le *Bon Dieu*, comme constituant, avec celles signalées dans le premier réquisitoire, le délit prévu par les articles 1, 2, 3, 5, 8 et 9 de la loi du 17 mai 1819, et par l'article 91 du Code pénal.

De Béranger a été interrogé de nouveau le 7 du même mois; il a opposé aux inculpations dirigées contre toutes les chansons comprises dans le premier volume, c'est-à-dire contre le *Sénateur*, ma *Grand'-Mère*, *Deo Gratias*, la *Descente aux Enfers*, *Mon Curé* et *Margot*, l'exception de prescription qu'il avait fait valoir relativement à la *Bacchante*, il a aussi invoqué la prescription relativement à la chanson des *Missionnaires*, comprise dans le second volume, et l'a fait résulter de sa publication dans la soixante-troisième livraison de la Minerve.

Quant aux autres chansons comprises dans le deuxième volume, le *Soir des noces*, les *Capucins*, les *Chantres de paroisse* et le *Bon Dieu*, il a déclaré ne pas savoir en quoi elles pouvaient être contraires à la loi.

Le ministère public a déclaré persister dans ses précédens réquisitoires, et par une ordonnance, en date du 8 novembre 1821, le tribunal de première instance du département de la Seine, considérant, à l'égard de Firmin Didot, qu'il avait rempli les formalités prescrites par la loi, et qu'il n'était pas établi qu'il eût connu et fait imprimer sciemment les passages incriminés;

Considérant, à l'égard des libraires Corréard, Ladvocat, Mongie aîné et femme Goullet, qu'il n'était pas suffisamment établi qu'en vendant l'ouvrage de de Béranger, ils eussent agi avec connaissance, a déclaré n'y avoir lieu à suivre à leur égard;

Et en ce qui touche de Béranger, le tribunal, statuant sur les exceptions par lui proposées, a pensé qu'en se servant de ces mots, *du fait de publication qui donnera lieu à la poursuite*, le législateur n'a entendu par-là que caractériser le fait qui doit donner lieu à la poursuite, et non pas distinguer entre les publications successives d'un même ouvrage, et excepter du bénéfice de la prescription les réimpressions qui pourraient avoir lieu après le délai de six mois, à compter de la publication légale de l'ouvrage; et considérant que les chansons ayant pour titre, le *Sénateur*, la *Bacchante*, ma *Grand'Mère*, *Deo gratias*, la *Descente aux Enfers*, *Mon Curé* et *Margot*, étaient comprises dans le Recueil imprimé en 1815, dont cinq exemplaires avaient été déposés au Ministère de la police générale; qu'ainsi l'action publique était prescrite; que les mêmes principes s'appliquaient à la chanson des *Missionnaires*, insérée dans le 63e. numéro de la Minerve; il a déclaré n'y avoir lieu à suivre contre lesdites chansons.

Mais considérant que la chanson ayant pour titre les *Capucins*, tome II, présentait, notamment dans les 3e., 4e. et 6e. couplets, un outrage à la morale publique et religieuse;

Que le 3e. couplet de cette chanson était une offense envers les membres de la Famille royale; et que la chanson ayant pour titre le *Vieux Drapeau* présentait une provocation au port d'un signe de ralliement prohibé par la loi; il a prévenu ledit de Béranger des délits prévus par les articles 1, 5, 8 et 10 de la loi du 17 mai 1819.

Le procureur du Roi a formé, le même jour, opposition à cette ordonnance, seulement en ce qu'elle a admis la prescription.

La cour, après en avoir délibéré, les vingt, vingt-trois et vingt-sept novembre présent mois, statuant sur ladite opposition : attendu que la *réimpression* d'un ouvrage est un *nouveau fait* de publication, assujetti aux *mêmes formalités* que la première publication, et peut dès lors constituer un *nouveau délit*; qu'ainsi la prescription, qui aurait été acquise à l'égard de la première publication, ne peut être invoquée comme exception relativement à la seconde;

Attendu encore que l'ordonnance du 8 novembre 1821 *n'a pas compris tous les passages condamnables* signalés dans les réquisitoires des 27 octobre et 5 novembre précédens;

Annule ladite ordonnance. Mais, attendu que, des pièces et de l'instruction résulte prévention suffisante contre Pierre-Jean de Béranger, d'avoir, en composant, faisant imprimer, publiant, vendant et distribuant un ouvrage en deux volumes, ayant pour titre *Chansons*, commis le délit d'outrage aux bonnes mœurs, notamment dans les chansons ayant pour titre : la *Bacchante*, tome Ier., page 22 ; ma *Grand'Mère*, page 38 ; *Margot*, page 234.

Attendu que des pièces et de l'instruction résulte prévention suffisante contre ledit de Béranger, d'avoir, en composant, faisant imprimer, publiant, vendant et distribuant ledit ouvrage, commis le délit d'outrage à la morale publique et religieuse, notamment dans les chansons ayant pour titres : *Deo Gratias d'un Epicurien*, tome 1er., page 53 ; *la Descente aux enfers*, même tome, page 78 ; *mon Curé*, page 170 ; *les Capucins*, tome II, page 67 ; *les Chantres de paroisse* ou *le Concordat de 1817*, même tome, page 113 ; *les Missionnaires*, page 144 ; et *le Bon Dieu*, page 207 ; et dans le troisième couplet de la chanson ayant pour titre *la Mort du roi Christophe*, tome II, page 222.

DEO GRATIAS D'UN ÉPICURIEN.

Dans ce siècle d'impiété
L'on rit du *Benedicite !*
Faut-il qu'à peine il m'en souvienne :
Mais pour que l'appétit revienne,
Je dis mes grâces lorsqu'enfin
Je n'ai plus soif, je n'ai plus faim :
Toujours l'espoir suit le plaisir qui passe.
Que vous êtes bon, mon Dieu ; je vous rends grâce !
O mon Dieu, mon Dieu, je vous rends grâce !

Mon voisin, faible du cerveau,
Ne boit jamais son vin sans eau;
Rien qu'à voir mousser le Champagne,
Déjà la migraine le gagne;
Tandis que pur, et coup sur coup,
Pour ma santé je bois beaucoup.
Vous savez seul comment tout cela passe.
Que vous êtes bon, mon Dieu, etc.

De soupçons jaloux assiégé,
Dorval n'a ni bu ni mangé.
Cet époux sans philosophie
Par bonheur de nous se défie,
Et tient sa femme aux yeux si doux
Sous triple porte à deux verroux :
Par la fenêtre il fait tout pour qu'on passe.
Que vous êtes bon, mon Dieu, etc.

Certain soir monsieur célébra
Une déesse d'Opéra ;
Pour prix d'un grain d'encens profane
Vite au régime on le condamne.
Sans accident, moi j'ai fêté
Huit danseuses de la Gaîté.
Pour un miracle on veut que cela passe!
Que vous êtes bon, mon Dieu, etc.

XVI

Mais qui converse assis là-bas,
N'ose rire et ne chante pas ?
Chut, me dit-on, c'est un vrai sage
Qui dans les cours a fait naufrage.
Quoi ! chez nous cet homme rêveur
Des rois regrette la faveur ?
Plus sage, moi, je sais comme on s'en passe.
Que vous êtes bon, mon Dieu, etc.

A table trouvant tout au mieux,
Je crois qu'un ordre exprès des cieux
Tient en haleine la sagesse,
Des fous ménage la faiblesse,
Et fait de leur vie un repas
Dont le dessert ne finit pas.
Oui, c'est ainsi que jeunesse se passe.
Que vous êtes bon, mon Dieu ; je vous rends grâce !
O mon Dieu, mon Dieu, je vous rends grâce !

LA DESCENTE AUX ENFERS.

Sur la foi de votre bonne,
Vous qui craignez Lucifer,
Approchez, que je vous donne
Des nouvelles de l'enfer.

Tant qu'on le pourra, larirette,
On se damnera, larira;
Tant qu'on le pourra,
L'on trinquera,
Chantera,
Aimera
La fillette.
Tant qu'on le pourra, larirette,
On se damnera, larira.

Sachez que, la nuit dernière,
Sur un vieux balai rôti,
Avec certaine sorcière,
Pour l'enfer je suis parti.
Tant qu'on le pourra, etc.

Ma sorcière est jeune et belle,
Et, dans ces lieux inconnus,
Diablotins, par ribambelle,
Viennent baiser ses pieds nus.
Tant qu'on le pourra, etc.

Quoi qu'en disent maints bélîtres,
En entrant nous remarquons
Un amas d'écailles d'huîtres
Et des débris de flacons.
Tant qu'on le pourra, etc.

Là, ni chaudières, ni flammes ;
Et si grands que soient leurs torts,
Aux enfers nos pauvres ames
Reprennent un peu de corps.
Tant qu'on le pourra, etc.

Chez lui le diable est bon homme ;
Aussi voyons-nous d'abord
Ixion faisant un somme
Près de Tantale ivre mort.
Tant qu'on le pourra, etc.

Rien n'est moins épouvantable
Que l'aspect de ce démon :
Sa majesté tenait table
Entre Épicure et Ninon.
Tant qu'on le pourra, etc.

Ses arrêts les plus sévères
Qu'en mourant nous redoutons,
Sont rendus au bruit des verres
Et de huit cents mirlitons.
Tant qu'on le pourra, etc.

Aux buveurs à rouge trogne
Il dit : Trinquons à grands coups !

Vous n aimez que le Bourgogne ;
De Champagne enivrez-vous.
Tant qu'on le pourra, etc.

A la prude qui se gêne
Pour lorgner un jouvenceau,
Il dit : Avec Diogène,
Fais l'amour dans un tonneau.
Tant qu'on le pourra, etc.

Gens dont nous fuyons les traces,
Il vous dit : Plus retenus,
Laissez Cupidon aux Grâces ;
Contentez-vous de Vénus.
Tant qu'on le pourra, etc.

Il dit encor bien des choses
Qui charment les assistans ;
Puis, à Ninon, sur des roses,
Il ôte au moins soixante ans.
Tant qu'on le pourra, etc.

Alors ma sorcière éprouve
Un désir qui l'embellit,
Et soudain je me retrouve
Dans ses bras et sur mon lit.
Tant qu'on le pourra, etc.

Si, d'après ce qu'on rapporte,
On bâille au céleste lieu,
Que le diable nous emporte,
Et nous rendrons grâce à Dieu.
Tant qu'on le pourra, larirette,
On se damnera, larira;
Tant qu'on le pourra,
L'on trinquera,
Chantera,
Aimera
La fillette.
Tant qu'on le pourra, larirette,
On se damnera, larira.

MON CURÉ.

Le curé de notre hameau
S'empresse à vider son tonneau
Pour quand viendra l'automne.
Bénissant Dieu de ses présens,
A sa nièce, enfant de seize ans,
Il dit parfois : Mignonne,
Cache-moi bien ce qu'on fera;
Le diable aura ce qu'il pourra.

Eh ! zon , zon , zon ,
Baise-moi , Suzon ,
Et ne damnons personne.

Fait pour chasser les loups gloutons ,
Dois-je essayer sur les moutons
Si ma houlette est bonne ?
Non ; mais à mon troupeau je dis :
La paix est un vrai paradis
Qu'ici-bas l'on se donne ;
Surtout j'ai soin tant qu'il se peut
De ne prêcher que lorsqu'il pleut.
Eh ! zon zon zon, etc.

Les dimanches point ne défends
La joie à ces pauvres enfans ;
J'aime alors qu'on s'en donne.
Du chœur, où seul je suis souvent,
Je les entends rire en buvant
Chez la mère Simone ,
Ou j'y cours même , s'il le faut ,
Les prier de chanter moins haut.
Eh ! zon zon zon, etc.

Sans jamais en rien publier,
Je vois s'enfler le tablier

De plus d'une friponne.
S'épouse-t-on six mois trop tard,
Faut-il baptiser un bâtard,
C'est le ciel qui l'ordonne.
Les plaintes fort peu me siéraient,
Le ciel et Suzon en riraient.
Eh ! zon zon zon, etc.

Notre maire un peu mécréant
A maint sermon répond : Néant.
Mais que Dieu lui pardonne !
Depuis qu'à sa table il m'admet,
J'ai su qu'à deux mains il semait,
Sans bruit faisant l'aumône.
Or la grâce ne peut faillir,
Puisqu'il sème, il doit recueillir.
Eh ! zon zon zon, etc.

Je préside à tous les banquets,
A ma fête j'ai des bouquets,
Et l'on remplit ma tonne.
Mon évêque, triste et bigot,
Prétend que je sens le fagot.
Mais pour qu'un jour, mignonne,
J'aille où les anges font leurs nids
Revoir tous ceux que j'ai bénis.
Eh ! zon zon zon, etc.

XXIII

LES CAPUCINS.

Bénis soient la Vierge et les saints, } *Bis.*
On rétablit les capucins.
Moi qui fus capucin indigne,
Je vais, ma petite Fanchon,
Du Seigneur vendanger la vigne
En reprenant le capuchon.
Bénis soient la Vierge et les saints, } *Bis.*
On rétablit les capucins.

Fanchon, pour vaincre par surprise
Les philosophes trop nombreux,
Qu'en vrais cosaques de l'église
Les capucins marchent contre eux.
Bénis soient, etc.

La faim désole nos provinces;
Mais la piété l'en bannit.
Chaque fête, grâce à nos princes,
On peut vivre de pain béni.
Bénis soient, etc.

L'église est l'asile des cuistres;
Mais les rois en sont les piliers :
Et bientôt le banc des ministres
Sera le banc des marguilliers.
Bénis soient, etc.

Pour tâter de l'agneau sans taches,
Nos soldats courent s'attabler;
Et devant certaines moustaches
On dit qu'on a vu Dieu trembler.
Bénis soient, etc.

Nos missionnaires font rendre
Aux bonnes gens les biens de Dieu:
Ils marchent tout couverts de cendre:
C'est ainsi qu'on couvre le feu.
Bénis soient, etc.

Fais-toi dévote aussi, Fanchette;
Vas, il n'est pas de sot métier;
Mais qu'avec nous deux en cachette
Le diable crache au bénitier.
Bénis soient, etc.

LES CHANTRES DE PAROISSE,

OU

LE CONCORDAT DE 1817.

Gloria tibi domine!
Que tout chantre
Boive à plein ventre.

Gloria tibi domine !
Le concordat nous est donné.

Buvons, nous, chantres de paroisse,
A qui nous tire enfin d'angoisse.
D'abord, pour ne rien oublier,
Remontons à François premier.
Gloria tibi domine ! etc.

A Gonzalve, buvons un verre,
Il a deux fois fait même affaire;
Mais cette fois, de droit divin,
L'église y gagne un pot de vin.
Gloria tibi domine ! etc.

Des deux clefs de notre bon pape,
L'une du ciel ouvre la trappe,
Et l'autre, aux griffes du légat,
Ouvre les coffres de l'État.
Gloria tibi domine ! etc.

Si de nos coqs la voix altière
Troubla l'héritier de Saint-Pierre,
Grâce aux annates, aujourd'hui,
Nos poules vont pondre pour lui.
Gloria tibi domine ! etc.

Rendons Avignon au Saint-Père;
Il le veut, et c'est là, j'espère,

Prouver aux Français dépouillés
Qu'il est un de nos alliés.
Gloria tibi domine ! etc.

Qu'importe qu'à Rome on détruise
Les libertés de notre église ,
Nous devons à nos députés
Déjà tant d'autres libertés !
Gloria tibi domine ! etc.

Moines et prieurs vont revivre.
Il faut qu'avant peu le grand livre ,
Servant à nos pieux desseins,
Soit mis au rang des livres saints.
Gloria tibi domine ! etc.

Dans chaque ville un séminaire
Désormais sera nécessaire ;
C'est un hôpital érigé
Aux enfans trouvés du clergé.
Gloria tibi domine ! etc.

Pour les protestans qu'on tolère
Au ciel nous craignons de déplaire ;
Mais qu'il nous passe encor long-temps
Nos Suisses qui sont protestans.
Gloria tibi domine ! etc.

Chantres, pour nous combien d'offices!
Nous n'irons plus dans les coulisses
Brailler en chœur à l'Opéra,
Et l'église nous suffira.
Gloria tibi domine! etc.

Oui, chantres, c'est à nous de boire,
Ce concordat fait notre gloire,
Car le bon temps revient grand train,
Où les rois chantaient au lutrin,
Gloria tibi domine! etc.

LES MISSIONNAIRES.

(1819.)

Satan dit un jour à ses pairs:
On en veut à nos hordes;
C'est en éclairant l'univers
Qu'on éteint les discordes.
Par brevet d'invention,
J'ordonne une mission.
En vendant des prières,
Vite soufflons, soufflons, morbleu!
Éteignons les lumières,
Et rallumons le feu.

Exploitons en diables cafards
  Hameau, ville et banlieue ;
D'Ignace imitons les renards,
  Cachons bien notre queue.
 Au nom du père et du fils,
 Gagnons sur les crucifix.
  En vendant des prières, etc.

Que de miracles on va voir,
  Si le ciel ne s'en mêle !
Sur des biens qu'on voudrait ravoir
  Faisons tomber la grêle.
 Publions que Jésus-Christ
 Par la poste nous écrit.
  En vendant des prières, etc.

Chassons les autres baladins,
  Divisons les familles ;
En jetant la pierre aux mondains,
  Perdons femmes et filles.
 Que tout le sexe enflammé
 Nous chante *un asperges me*.
  En vendant des prières, etc.

Par Ravaillac et Jean Châtel,
  Plaçons dans chaque prône,
Non point le trône sur l'autel,
  Mais l'autel sur le trône.

Comme aux bons temps féodaux ,
Que les rois soient nos bedeaux.
En vendant des prières , etc.

L'intolérance , front levé ,
Reprendra son allure :
Les protestans n'ont point trouvé
D'onguent pour la brûlure.
Ces philosophes aussi
Déjà sentent le roussi.
En vendant des prières , etc.

Le diable , après ce mandement ,
Vient convertir la France :
Guerre au nouvel enseignement
Et gloire à l'ignorance !
Le jour fuit, et les cagots
Dansent autour des fagots.
En vendant des prières , etc.

LE BON DIEU.

Un jour , le bon Dieu s'éveillant ,
Fut pour nous assez bienveillant ;
Il met le nez à la fenêtre :
Leur planète a péri peut-être.

Dieu dit, et l'aperçoit de loin
Qui tourne dans un petit coin.
Si je conçois comment on s'y comporte,
Je veux bien, dit-il, que le diable m'emporte.
Je veux bien que le diable m'emporte.

Blancs ou noirs, gelés ou rotis,
Mortels que j'ai faits si petits,
Dit le bon Dieu d'un air paterne,
On prétend que je vous gouverne;
Mais vous devez voir, Dieu merci,
Que j'ai des ministres aussi.
Si je n'en mets deux ou trois à la porte,
Je veux, mes enfans, que le diable m'emporte,
Je veux bien que le diable m'emporte.

Pour vivre en paix, vous ai-je en vain
Donné des filles et du vin?
A ma barbe, quoi! des Pygmées,
M'appellant le dieu des armées,
Osent, en invoquant mon nom,
Vous tirer des coups de canon!
Si j'ai jamais conduit une cohorte,
Je veux, mes enfans, etc.

Que font ces nains si bien parés
Sur des trônes à clous dorés,

Le front huilé, l'humeur altière,
Ces chefs de votre fourmilière
Disent que j'ai béni leurs droits,
Et que par ma grâce ils sont rois.
Si c'est par moi qu'ils règnent de la sorte,
Je veux mes enfans, etc.

Je nourris d'autres nains tout noirs
Dont mon nez craint les encensoirs.
Ils font de la vie un carême,
En mon nom lancent l'anathème
Dans des sermons fort beaux, ma foi!
Mais qui sont de l'hébreu pour moi.
Si je crois rien de ce qu'on y rapporte,
Je veux, mes enfans, etc.

Enfans, ne m'en veuillez donc plus:
Les bons cœurs seront mes élus.
Sans que pour cela je vous noie,
Faites l'amour, vivez en joie;
Narguez vos grands et vos cafards:
Adieu, car je crains les mouchards.
A ces gens-là si j'ouvre un jour ma porte,
Je veux, mes enfans, que le diable m'emporte,
Je veux bien que le diable m'emporte.

Troisième couplet de la chanson ayant pour titre :
LA MORT DU ROI CHRISTOPHE.

MALGRÉ la trinité royale,
Malgré la Sainte Trinité,
Notre nation déloyale
A proclamé sa liberté.
Pour l'Esprit Saint quelle apostrophe.
Lui qui dicte tous vos décrets.
Vite un congrès,
Deux, trois congrès,
Quatre congrès,
Cinq congrès, dix congrès.
Princes, vengez ce bon Christophe,
Roi digne de tous vos regrets.

« Attendu que, des pièces de l'instruction résulte prévention suffisante contre ledit de Béranger, d'avoir, en composant et faisant imprimer, publiant, vendant et distribuant ledit ouvrage, commis le délit d'offense envers la personne du roi, notamment dans le septième couplet de la chanson ayant pour titre le *Prince de Navarre*, ou *Mathurin Bruneau*, tome II, page 125 ; dans le quatrième couplet de la chanson ayant pour titre le *Bon Dieu*, tome II, page 208 ; dans le sixième couplet de la chanson ayant pour titre *l'Enrhumé*, tome II, page 198 ; et dans le dernier couplet de la chanson ayant pour titre *la Cocarde blanche*, tome II, page 48. »

XXXIII

Septième couplet de la chanson ayant pour titre :

Le Prince de Navarre.

Enfin, pourrais-tu sans scrupule',
Graissant la pate au Saint-Esprit,
Faire un concordat ridicule
Avec ton père en Jésus-Christ?
Pour lui redorer sa thiare
Tu nous surchargerais d'impôts !
Croyez-moi, prince de Navarre,
Prince, faites-nous des sabots.

Quatrième couplet de la chanson ayant pour titre :

Le Bon Dieu.

Que font ces nains si bien parés
Sur des trônes à clous dorés ?
Le front huilé, l'humeur altière,
Ces chefs de votre fourmilière
Disent que j'ai béni leurs droits,
Et que par ma grâce ils sont rois.
Si c'est par moi qu'ils règnent de la sorte,
Je veux, mes enfans, que le diable m'emporte,
Je veux bien que le diable m'emporte.

Sixième couplet de la chanson ayant pour titre :

L'Enrhumé.

Mais la Charte encor nous défend ;
Du roi c'est l'immortel enfant ;
Il l'aime, on le présume.

. . . .
. . . .

Amis, c'est là ;
Oui, c'est cela,
C'est cela qui m'enrhume.

Dernier couplet de la chanson ayant pour titre :
LA COCARDE BLANCHE.

Enfin, pour sa clémence extrême,
Buvons au plus grand des Henris ;
A ce roi qui sut par lui-même
Conquérir son trône et Paris.
Jour de paix, jour de délivrance,
Qui des vaincus fit le bonheur !
Beau jour qui vint rendre à la France
La cocarde blanche et l'honneur !

« Attendu que des pièces et de l'instruction résulte prévention suffisante contre ledit de Béranger, d'avoir, en composant, faisant imprimer, publiant, vendant et distribuant ledit ouvrage, provoqué au port public d'un signe extérieur de ralliement non autorisé par le roi, dans la chanson ayant pour titre le *Vieux drapeau*, tome II, page 210. »

LE VIEUX DRAPEAU.

De mes vieux compagnons de gloire,
Je viens de me voir entouré.
Nos souvenirs m'ont enivré ;
Le vin m'a rendu la mémoire.

Fier de mes exploits et des leurs,
J'ai mon drapeau dans ma chaumière.
Quand secoûrai-je la poussière
Qui ternit ses nobles couleurs ?

Il est caché sous l'humble paille
Où je dors pauvre et mutilé ;
Lui qui, sûr de vaincre, a volé
Vingt ans de bataille en bataille !
Chargé de lauriers et de fleurs,
Il brilla sur l'Europe entière.
Quand secoûrai-je la poussière, etc.

Ce drapeau payait à la France
Tout le sang qu'il nous a coûté.
Sur le sein de la liberté,
Nos fils jouaient avec sa lance.
Qu'il prouve encore aux oppresseurs
Combien la gloire est roturière.
Quand secoûrai-je la poussière, etc.

Son aigle est resté dans la poudre,
Fatigué de lointains exploits :
Rendons-lui le coq des Gaulois,
Il sut aussi lancer la foudre.
La France, oubliant ses douleurs,
Le rebénira libre et fière.
Quand secoûrai-je la poussière, etc.

Las d'errer avec la victoire,
Des lois il deviendra l'appui.
Chaque soldat fut, grâce à lui,

Citoyen au bord de la Loire.
Seul il peut voiler nos malheurs,
Déployons-le sur la frontière!
Quand secoûrai-je la poussière, etc.

Mais il est là près de mes armes:
Un instant, osons l'entrevoir.
Viens, mon drapeau! viens, mon espoir!
C'est à toi d'essuyer mes larmes.
D'un guerrier qui verse des pleurs,
Le ciel entendra la prière.
Oui, je secoûrai la poussière
Qui ternit tes nobles couleurs.

Délits prévus par les articles 1, 3, 5, 8 et 9 de la loi du 17 mai 1819.

Renvoie ledit de Béranger devant la cour d'assises du département de la Seine, pour y être jugé à la plus prochaine session, conformément aux dispositions de l'article XIII de la loi du 26 mai 1819, et maintient la saisie des instrumens de publication;

Ordonne que le présent arrêt sera exécuté à la diligence du procureur général.

Fait au Palais de justice, à Paris, le vingt-sept novembre mil huit cent vingt et un, en la chambre du Conseil, où siégeaient monsieur Merville, président, messieurs Cholet, Bouchard, Lucy, Delahuproye et Cassini, conseillers, tous composant la chambre d'accusation, et qui ont signé. Ainsi signé, Merville, Cholet, Bouchard, A. Lucy, Delahuproye, Cassini; et Hedouin, greffier.

www.ingramcontent.com/pod-product-compliance
Ingram Content Group UK Ltd.
Pitfield, Milton Keynes, MK11 3LW, UK
UKHW012032240726
13965UKWH00002B/747

9 782013 053730